Jordi Llorca

El hidrógeno
y nuestro futuro energético

UNIVERSITAT POLITÈCNICA
DE CATALUNYA
BARCELONATECH

UPC

HYPERION
Manuales de supervivencia científica para el siglo xxi
Coordinador: Jordi José

Primera edición: julio de 2010

Diseño gráfico de la colección: Tono Cristòfol
Maquetación: Tallers Gràfics Alemany

Imagen de la cubierta: *Fall water*, Corbis/Cordon Press

©   Jordi Llorca Piqué, 2010

©   Edicions UPC, 2010
     Edicions de la Universitat Politècnica de Catalunya, SL
     Jordi Girona Salgado 31, Edifici Torre Girona, D-203, 08034 Barcelona
     Tel.: 934 015 885   Fax: 934 054 101
     Edicions Virtuals: www.edicionsupc.es
     E-mail: edicions-upc@upc.es

Producción: Lightning Source

Depósito legal: M-28560-2010
ISBN: 978-84-9880-418-8

ÍNDICE

PRESENTACIÓN

En los últimos años se habla cada vez más del hidrógeno y de las pilas de combustible y de la importancia que pueden tener en nuestro futuro energético como herramienta para cambiar el modelo actual basado en el consumo de combustibles fósiles. Como bien sabemos, las reservas de combustibles fósiles son limitadas y su combustión incide negativamente en la calidad del aire que respiramos. Dos aspectos francamente preocupantes.

Es evidente que cualquier cambio a gran escala que se plantee en la manera de obtener y gestionar la energía va a ir acompañado de muchas dudas y discusiones. Y es que la energía siempre ha sido una cuestión fundamental de la economía, en tanto que permite la industrialización de los países y el bienestar de las personas. Ya en las civilizaciones antiguas la energía era una cuestión vital para el desarrollo y los esclavos representaban, junto a los animales y el agua, la fuente principal de energía. En la antigua Roma, por ejemplo, los esclavos llegaron a constituir entre un tercio y la mitad de la población. Un esclavo representaba, por término medio, una potencia de unos 100 vatios (o 100 julios por segundo, J/s), más bien poco desde nuestra perspectiva actual, en la que tan solo un litro de gasolina proporciona una energía equivalente a unos 32 MJ, es decir, al trabajo equivalente a unas 3-4 personas durante 24 horas seguidas. Los combustibles fósiles permitieron el florecimiento de la sociedad moderna a través de la revolución industrial, pero en ella, la lucha por la esclavitud se transformó en la lucha por el control de las fuentes de los combustibles. Hoy en día, el consumo mundial de energía supone unos 15-20 teravatios anuales (1 TW$=10^{12}$ vatios) y los conflictos bélicos en países con grandes reservas de gas, petróleo o uranio son abundantes.

El hidrógeno en sí mismo no es una fuente de energía, pero permite una gestión mucho más racional de ésta, una gestión que incluye implícitamente el uso de energías renovables además de las fuentes fósiles.

Algunas de las dudas que suscita el hidrógeno se fundamentan en aspectos tecnológicos aún no resueltos, mientras que otras son de carácter marcadamente ideológico o de modelo de desarrollo. Por ejemplo, es cierto que el uso del hidrógeno en pilas de combustible tiene una eficiencia energética muy elevada y no produce emisiones tóxicas; pero no hay que olvidar que el hidrógeno no se encuentra en estado libre en nuestro entorno y que hacen falta procesos para su obtención, procesos que a su vez requieren de energía y que, en algunos casos, también originan emisiones no deseadas o residuos. También es cierto que el hidrógeno puede obtenerse de múltiples maneras y a partir de fuentes muy diversas, lo que supone una gestión versátil y descentralizada (aspectos sin duda muy importantes en un nuevo escenario energético), pero el hidrógeno es un gas en condiciones normales y, como tal, su almacenamiento y transporte acarrea problemas. Entonces, ¿será realmente el hidrógeno nuestro próximo vector energético junto a la electricidad? ¿Podremos prescindir finalmente del petróleo y del resto de fuentes fósiles de energía que hoy condicionan nuestro desarrollo? ¿Significa que vamos a contaminar menos con el hidrógeno? ¿Habrá hidrógeno suficiente para abastecer las necesidades de toda la población?

¿Podrá el hidrógeno evitar las guerras e invasiones motivadas por el control de los recursos energéticos?

Este libro trata de dar respuesta a estas y otras preguntas. Para ello se utiliza un punto de vista esencialmente tecnológico, es decir, a partir de nuestro conocimiento y grado de desarrollo actual y teniendo en cuenta los logros que, previsiblemente y según nuestra experiencia, se van a alcanzar en los próximos años. En el primer capítulo del libro se realiza un repaso histórico del hidrógeno, desde su descubrimiento y primeros usos hasta el momento actual, planteando también sus peculiaridades energéticas, abundancia y distribución. En el segundo capítulo se explican los distintos procedimientos para la obtención del hidrógeno, destacando la diversidad de procesos, así como sus ventajas e inconvenientes. A continuación, en el tercer capítulo del libro, se trata el tema del almacenamiento y transporte del hidrógeno haciendo uso tanto de métodos físicos como de métodos químicos. En el capítulo cuarto se discute acerca de las posibilidades de utilizar el hidrógeno como vector energético, haciendo énfasis, sobre todo, en las pilas de combustible. A partir de los distintos tipos de pilas de combustible se explican en el capítulo quinto sus diversos usos, mostrando ejemplos en los sectores del transporte, vivienda y pequeños dispositivos. Finalmente se intenta, a modo de conclusión, plantear la importancia del hidrógeno en nuestro contexto energético actual y discutir sus posibilidades.

Deseo agradecer a Edicions UPC y al coordinador de esta colección de divulgación, Jordi José, su amabilidad e invitación a escribir este libro. Asimismo, quiero expresar mi más profunda gratitud a todos los compañeros del Instituto de Técnicas Energéticas de la Universitat Politècnica de Catalunya por su apoyo y ambiente de trabajo excelentes, sin los cuales la escritura de este libro no hubiera sido posible. Y, por supuesto, quiero también agradecer a mis estudiantes, Albert, Montserrat, Fabien, Maider, Cristian, Vanesa, Jorge, Eduardo, Aitor, Maria, Giuseppe, Albert-Octavi, Núria, Júlia y Setpiol su ilusión y compañía.

Jordi Llorca
Institut de Tècniques Energètiques
Universitat Politècnica de Catalunya
Barcelona, noviembre de 2009

1

¿DÓNDE ESTÁ EL HIDRÓGENO?

De entre los combustibles no nucleares,
el hidrógeno es el que tiene mayor densidad
de energía en peso.

FUENTES DE ENERGÍA Y VECTORES DE ENERGÍA

«Nada se pierde, nada se crea». Con estas palabras, Antoine Laurent de Lavoisier (1743-1794), considerado el padre de la química moderna, resumía la esencia de sus resultados sobre el estudio de las reacciones químicas y desterraba así la idea del flogisto, una especie de quintaesencia de los alquimistas que se desprendía de las sustancias al arder y que era recogida por otras capaces de asimilarlo dando lugar a un movimiento que era el origen del calor y el fuego. La frase de Lavoisier sirve también para la energía en todas sus expresiones, incluyendo la energía nuclear, en la que la masa y la energía se relacionan con la famosa ecuación de Albert Einstein (1879-1955), $E=mc^2$. La misma idea se encuentra en un enunciado clásico de la física newtoniana que afirmaba que «la energía ni se crea ni se destruye, sólo se transforma». Aristóteles (384-322 a.C.) fue quien acuñó el término *energeia* para referirse a la «actividad».

Efectivamente, la energía se manifiesta y se transforma de múltiples maneras. La naturaleza nos proporciona fuentes de energía primaria de manera directa. Estas fuentes comprenden las energías fósiles (carbón, petróleo, gas natural), la energía nuclear y las energías renovables (hidráulica, solar, biomasa, eólica, geotérmica, mareomotriz). Las fuentes de energía primaria, a su vez, son el origen de las distintas manifestaciones de la energía, que principalmente son la energía química, la energía mecánica, la energía térmica, la energía radiante (asociada a las ondas electromagnéticas), la energía eléctrica y la energía nuclear. Todas estas formas de energía están relacionadas entre ellas mediante diversos caminos de transformación y esto, ni más ni menos, es lo que hace que la energía sea fuente de vida en la Tierra y fuente de progreso para el ser humano.

Por ejemplo, mediante la fotosíntesis, las plantas, las algas y algunas bacterias utilizan el Sol como fuente de energía primaria y transforman la energía radiante en energía química (glucosa). Los animales transformamos energía química en energía mecánica mediante los músculos. En la Revolución Industrial (siglos XVIII-XIX) se empezó a utilizar la combustión del carbón (energía química) para obtener energía térmica, que era usada por las máquinas de vapor para producir energía mecánica y mover trenes, telares, etc. Más tarde la energía mecánica se usaría para producir energía eléctrica mediante generadores eléctricos. Hoy en día ésta continua siendo la manera más utilizada de producir electricidad a gran escala en el mundo, ya no sólo a partir de carbón, sino también con otras energías fósiles (gas natural, fracciones pesadas del petróleo, etc.) y energía nuclear. Actualmente la energía eléctrica también se obtiene de manera mucho más directa a partir, por ejemplo, de la energía radiante del Sol mediante células fotovoltaicas, de la energía mecánica de los molinos de viento o de los saltos de agua en las centrales hidroeléctricas, o de la energía química almacenada en las baterías.

Otro punto importante al hablar de la energía es su transporte desde el lugar de generación hasta el lugar de consumo. El transporte de la energía se consigue mediante los vectores energéticos. Ya hemos mencionado los dos vectores energéticos más utilizados, que son el calor y la electricidad. Otro vector energético es el hidrógeno, que está asociado con la energía química. La combustión directa del hidrógeno proporciona energía térmica, mientras que su uso en pilas de combustible origina energía eléctrica. A diferencia del calor y la electricidad, el hidrógeno es un vector energético mucho más versátil que no sólo permite transportar energía, sino también almacenarla de manera simple y eficiente. Otros métodos que están siendo estudiados para almacenar energía incluyen a las baterías de nueva generación, supercondensadores, aire comprimido y volantes de inercia.

Es importante no confundir los vectores energéticos con las fuentes de energía y con los convertidores de energía. Los vectores energéticos transportan la energía que se obtiene a partir de las fuentes de energía, mientras que los convertidores energéticos transforman la energía para que sea utilizable en aplicaciones concretas. Por ejemplo, un generador eléctrico de una central hidroeléctrica es un convertidor energético que transforma la energía mecánica del salto de agua (fuente de energía)

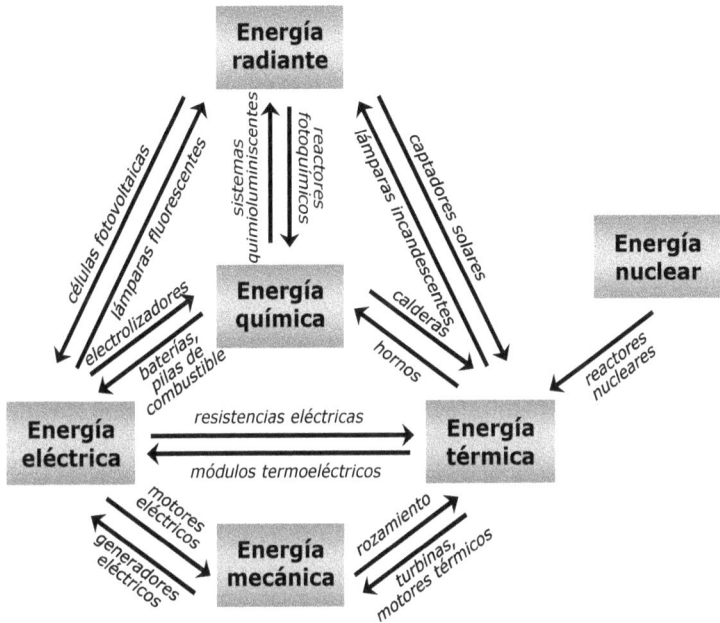

Energía radiante

células fotovoltaicas
lámparas fluorescentes
sistemas quimioluminiscentes
reactores fotoquímicos
captadores solares
lámparas incandescentes

Energía nuclear

electrolizadores
baterías, pilas de combustible

Energía química

calderas
hornos

reactores nucleares

Energía eléctrica

resistencias eléctricas
módulos termoeléctricos

Energía térmica

motores eléctricos
generadores eléctricos

Energía mecánica

rozamiento
turbinas, motores térmicos

1.1/ Las diversas formas que adopta la energía se relacionan mediante distintos convertidores de energía.

1.2/ La energía se transporta mediante vectores energéticos, como son el calor, la electricidad y el hidrógeno.

en energía eléctrica, mientras que la electricidad generada es el vector energético que transporta la energía eléctrica desde la presa hasta nuestros hogares. De manera análoga, el hidrógeno es un vector energético que transporta energía química obtenida a partir de fuentes diversas y las pilas de combustible son convertidores energéticos que transforman la energía química contenida en el hidrógeno en energía eléctrica.

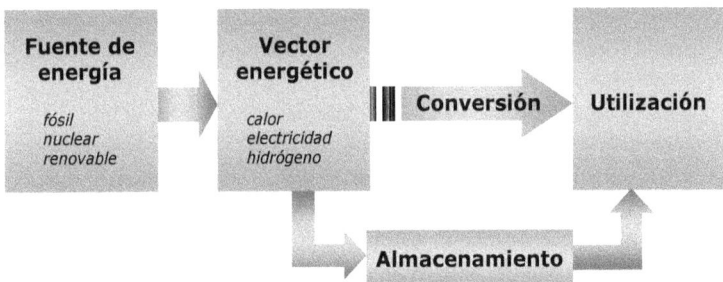

Fuente de energía

fósil
nuclear
renovable

Vector energético

calor
electricidad
hidrógeno

Conversión

Utilización

Almacenamiento

Por último, cabe recordar que el segundo principio de la termodinámica nos enseña que en cualquier tipo de transformación de la energía siempre hay una pérdida de energía en forma de calor no utilizable (por ejemplo, el debido al rozamiento en un sistema mecánico). Esta pérdida de energía útil puede disminuirse con mejores diseños y con sistemas de recuperación que mejoren la eficiencia energética de los convertidores de energía, pero siempre está presente. La mejor eficiencia energética se da en las pilas de combustible, en las que se transfiere la energía química del hidrógeno directamente en energía eléctrica, mientras que la peor eficiencia energética se encuentra en los motores de combustión y en las centrales de generación de electricidad convencionales, en las que la energía química de un combustible o la energía nuclear se transforman primero en energía térmica, luego en energía mecánica y, por último, en energía eléctrica. En los automóviles equipados con motores de combustión interna, por ejemplo, ¡solo el 20% de la energía producida en la combustión de la gasolina se aprovecha para mover las ruedas! Este es otro de los motivos por los cuales las pilas de combustible y el hidrógeno que las alimenta tienen un futuro prometedor. Además de ser un vector energético y un acumulador de energía, la transformación del hidrógeno en una pila de combustible produce electricidad con una eficiencia energética muy superior a los métodos de producción de electricidad actuales.

Las máquinas térmicas tienen rendimientos que no pueden ser mayores que el de una máquina reversible, o máquina ideal (teorema de Carnot). Para una máquina térmica que trabaja entre dos temperaturas distintas, T_1 y T_2, donde $T_2 > T_1$, el rendimiento máximo es:

$$\eta = 1 - T_1/T_2$$

Debido a las perdidas de calor, se suele trabajar a temperaturas en las que los rendimientos que se pretenden alcanzar sean del 40-50%. Pero como las máquinas térmicas no tienen el comportamiento ideal que desearíamos, los rendimientos reales que se obtienen son, aproximadamente, la mitad, es decir, 20-25%. Las pilas de combustible no tienen las limitaciones termodinámicas de las máquinas térmicas, sino que una pila de combustible ideal puede convertir todo el cambio de la energía de Gibbs del proceso químico que ocurre en la pila, ΔG, en energía eléctrica. El rendimiento máximo es:

$$\eta = \Delta G/\Delta H = 1 - T\Delta S/\Delta H$$

donde ΔS y ΔH son los cambios de entropía y entalpía, respectivamente, del sistema en la reacción. En condiciones estándar los rendimientos esperables serían superiores al 90%. No obstante, el diseño de la pila, el transporte de los reactivos y productos, la resistencia eléctrica interna de la pila, etc., hacen que los rendimientos reales sean inferiores, alrededor del 40-70%. Aun así, esto significa un rendimiento entre dos y tres veces superior al de una máquina térmica.

UN POCO DE HISTORIA

Una de las primeras personas en darse cuenta de las posibilidades energéticas del hidrógeno fue Sir William Robert Grove (1811-1896). Grove era letrado, pero demostró un gran interés por la ciencia y formó parte de las sociedades científicas de la época. Con tan solo diecinueve años, Grove ideó una batería eléctrica con la que fue posible la implementación del telégrafo en el Reino Unido. Pero su relación con el hidrógeno tuvo lugar entre 1839 y 1842, cuando ideó su «batería de gas», poco después de que el científico suizo Christian Friedrich Schönbein (1799-1868), el descubridor del ozono, descubriera en 1838 que el hidrógeno y oxígeno podían combinarse para formar agua y electricidad. La batería de Grove se basaba en el hecho conocido de que al pasar una corriente a través de agua, ésta se descomponía en sus elementos constituyentes, es decir, en hidrógeno y oxígeno. Es lo que llamamos la electrólisis del agua y que fue descubierta tan solo unos años antes, en 1800, por William Nicholson (1753-1815) y Anthony Carlisle (1768-1842):

$$H_2O + \cancel{\;} \rightarrow H_2 + \tfrac{1}{2}\, O_2$$

Lo que hizo Grove fue trabajar en una batería en la que tuviera lugar el proceso inverso, es decir, en la que hidrógeno y oxígeno gaseosos se recombinaran para formar agua y generar electricidad:

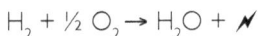

$$H_2 + \tfrac{1}{2}\, O_2 \rightarrow H_2O + \cancel{\;}$$

Esta reacción es la base de las pilas de combustible, aunque el nombre de *pila de combustible* lo acuñó años más tarde Ludwig Mond (1839-1909), quien intentó desarrollar en 1889, junto a su colaborador Charles Langer, un dispositivo a gran escala que funcionara con aire y gas de síntesis (una mezcla de hidrógeno, H_2 y monóxido de carbono, CO). Grove introdujo láminas de platino en el interior de varios tubos invertidos que contenían hidrógeno y oxígeno en contacto con una disolución de ácido sulfúrico y obtuvo electricidad. El platino actuaba como catalizador de la reacción y la disolución ácida actuaba de electrolito y permitía la circulación de los electrones para producir la electricidad. El contacto entre las tres fases (gas, electrolito y catalizador) resultó ser fundamental. A pesar del interés que despiertan hoy en día las pilas de combustible, en su momento el descubrimiento de Grove pasó bastante inadvertido y tuvo que transcurrir más de un siglo antes que su invento fuera mejorado.

Pero mucho antes de que el hidrógeno fuera objeto de investigaciones relacionadas con la generación de energía, éste ya había sido el protagonista de otras muchas aventuras de la ciencia. En el siglo XVI el alquimista suizo Paracelso (1493-1541) se refirió al hidrógeno como «aire inflamable», dada su fácil combustión. Paracelso obtuvo el «aire inflamable» al juntar hierro y vinagre (el vinagre contiene ácido capaz de oxidar el hierro y generar hidrógeno). En 1671, el químico inglés Robert Boyle (1627-1691) obtuvo «aire inflamable» de manera similar, pero utilizando ácido sulfúrico. Tuvieron que pasar unos cuantos años más antes que se reconociera al hidrógeno como un elemento químico. Henry Cavendish (1731-1810) concluyó en 1766 que el «aire inflamable» que obtuvo al hacer reaccionar zinc, hierro o estaño con ácido clorhídrico y ácido sulfúrico diluido era una sustancia simple y más ligera que el aire, un elemento químico nuevo. Asimismo Cavendish demostró que el resultado de la combustión entre el «aire inflamable» y el oxígeno era agua. Este descubrimiento tuvo consecuencias importantes en la época, puesto que aún

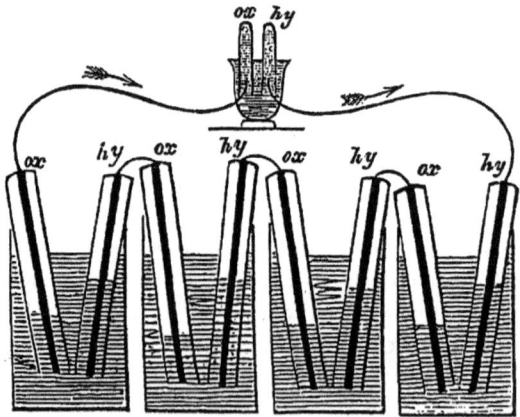

1.3/ Grove inventó la pila de combustible en 1839 cuando produjo electricidad y agua a partir de hidrógeno y oxígeno gaseosos en presencia de platino y una disolución ácida. Para comprobar la generación de electricidad, Grove unió los terminales de su nueva batería a una disolución acuosa y obtuvo el proceso inverso, con la electricidad generada volvió a formar hidrógeno y oxígeno a partir de agua.

había la creencia extendida de que el aire y el agua eran dos de los cuatro elementos básicos de la naturaleza, junto al fuego y la tierra. Entonces, si el agua era en realidad una mezcla, ¡no podía ser considerada como un elemento básico de la naturaleza! La discusión duró unos años más, hasta que el oxígeno fue descubierto en 1772-1774 de manera independiente por Carl Wilhelm Scheele (1742-1786) y Joseph Priestley (1733-1804). Antoine Lavoisier (1743-1794) utilizó por primera vez el término *hidrógeno* en 1788 haciendo referencia, precisamente, a su capacidad para producir agua (en griego, hidrógeno=generador de agua).

Dado que el hidrógeno era más ligero que el aire, el primer uso del hidrógeno que benefició a la humanidad fue el de los globos aerostáticos. En 1783 Jacques Alexandre Charles (1746-1823) construyó un globo de hidrógeno en París que alcanzó tres kilómetros de altura, el *Charliere*. La gente sintió pánico de tal ingenio y literalmente lo destruyó poco des-

1.4/ Ilustración del globo de hidrógeno de Jacques Charles sobrevolando París el 1 de diciembre de 1783 (Smithsonian Institution).

pués del aterrizaje... Tres meses después Charles construyó otro globo de hidrógeno, y esta vez ascendió con él. Curiosamente, Charles fue conocido en su época casi exclusivamente por su globo de hidrógeno, pero la historia de la ciencia recuerda a Charles principalmente por su ley sobre los gases en la que se relaciona, a una presión determinada, el volumen de un gas con su temperatura (Ley de Charles).

Apenas unos días antes, el 21 de noviembre de 1783, los hermanos Joseph y Etienne Montgolfier (1740-1810 y 1745-1799, respectivamente) utilizaron aire caliente para impulsar el primer globo aerostático tripulado. Pero el aire caliente era poco más ligero que el aire circundante de la atmósfera y los globos ascendían muy lentamente. En cambio, el hidrógeno es unas quince veces más ligero que el aire y eso permitía que los globos de Charles ascendieran rabiosamente (principio de Arquímedes). Charles hizo volar un globo de hidrógeno no tripulado antes que los hermanos Montgolfier e inventó un dispositivo para producir hidrógeno en grandes cantidades a bordo de los globos a partir de ácido sulfúrico y limaduras de hierro. En poco tiempo, las ganas de desarrollar nuevas tecnologías durante la revolución industrial hicieron que hubiera una auténtica eclosión de globos de hidrógeno, tanto para finalidades lucrativas como científicas, sobre todo relacionadas con el estudio de la atmósfera.

Tuvieron que pasar muchos años para que los globos de hidrógeno fueran utilizados en el transporte aéreo a gran escala. Para ello los globos aumentaron de tamaño e incorporaron motores de combustión para su propulsión. Esto ocurría alrededor de los años 1920-1930. Estos globos, o *Zeppelin*, podían volar a 700-800 metros de altura y alcanzaban velocidades de 120 km/h. En un viaje largo, a medida que se consumía el combustible para la propulsión, el dirigible pesaba cada vez menos y se tenía que liberar hidrógeno del globo para mantener la altura (de otro modo el dirigible volaría cada vez más alto); pero el hidrógeno no se dejaba escapar a la atmósfera, sino que se utilizaba como combustible adicional en los motores de propulsión. Esta misma idea, la de utilizar hidrógeno para alimentar motores de combustión tradicionales, se llevó a cabo en Alemania para el transporte por carretera. Esto ocurría entre las dos guerras mundiales. La manera de obtener hidrógeno de manera masiva fue por electrólisis del agua, usando para ello energía hidroeléctrica.

Pero el 6 de mayo de 1937 un accidente con un dirigible de hidrógeno causó una gran consternación entre la población y la repulsa hacia el hidrógeno y los dirigibles en general. El LZ 129 Hindenburg, un dirigible alemán de 250 metros de largo (casi como el Titanic) y capaz de alcanzar los 135 km/h, resultó destruido por un incendio cuando aterrizaba en Nueva Jersey, después de cruzar por decimoséptima ocasión el Océano Atlántico, causando la muerte a treinta y cinco personas que iban a bordo. Con una capacidad de 72 pasajeros, el Hindenburg era uno de los dirigibles más grandes que se construyeron, y era tal el dominio en la manipulación del hidrógeno en aquellos momentos ¡que incluso tenía una sala para fumar! Precisamente el Hindenburg fue el dirigible que sobrevoló el estadio olímpico de Berlín el 1 de agosto de 1936 en la ceremonia de inauguración de los Juegos Olímpicos para demostrar la capacidad tecnológica de Alemania, justo antes de que Adolf Hitler (1889-1945) presidiera el evento. El incendió ocurrió aparentemente motivado por una descarga de electricidad estática en la popa del dirigible, que rápidamente se extendió por toda la nave y la consumió por completo en menos de un minuto. El motivo del

1.5/ Accidente del dirigible de hidrógeno Hindenburg en 1937 en Lakehurst, Nueva Jersey (Department of the Navy, EE.UU.).

incendio hay que buscarlo en la composición del revestimiento del Hindenburg a base de nitrato de celulosa y polvo de aluminio, aunque sin duda el hidrógeno jugó un papel determinante al ser un gas inflamable.

A partir de entonces el hidrógeno de los dirigibles fue sustituido por helio, otro gas mucho más ligero que el aire (aunque con una densidad doble que la del hidrógeno), pero mucho más seguro que el hidrógeno al tratarse de un gas noble y, por tanto, muy poco reactivo (no inflamable, no explosivo, etc.). El motivo principal de no haber usado helio con anterioridad era que el único productor mundial de este gas era Estados Unidos y su precio era muy elevado comparado con el precio del hidrógeno. A pesar del uso del helio, el accidente del Hindenburg apartó progresivamente a los dirigibles como medio de transporte.

A partir de la Segunda Guerra Mundial el uso del hidrógeno quedó relegado casi exclusivamente a procesos industriales y no como combustible para el transporte, debido a la difusión del petróleo como nuevo combustible, abundante y de bajo coste. Pero en 1973, con la crisis del petróleo, el hidrógeno volvió al panorama energético mundial, sobre todo por la posibilidad de producirlo en grandes cantidades mediante la electrólisis del agua a partir de la electricidad producida en centrales nucleares. A raíz de esta nueva situación, se creó en 1974 la *International Association for Hydrogen Energy*, una asociación integrada no sólo por científicos e ingenieros, sino también por filósofos, economistas, empresarios, etc. Esta asociación creó dos años más tarde, en 1976, una revista científica especializada en el hidrógeno, el *Internacional Journal of Hydrogen Energy*. A partir de entonces, los estudios sobre la producción de hidrógeno mediante todo tipo de procesos, su almacenamiento mediante diversos métodos y su uso en pilas de combustible no han parado de crecer año tras año de manera muy significativa. Con la finalidad de promover el uso del hidrógeno y coordinar iniciativas conjuntas se creó en el año 2000 la *European Hydrogen Association* y en el 2004 se fundó *Fuel Cell Europe*. En el año 2002 se fundaron la *Asociación Española del Hidrógeno* y la *Asociación Española de Pilas de Combustible*, y en el 2004 se creó la *Associació Catalana de l'Hidrogen*.

EL HIDRÓGENO EN EL UNIVERSO, EN LA TIERRA Y EN LA BIOSFERA

Hoy en día, además del interés que suscita el hidrógeno en el uso de las pilas de combustible, hay también la esperanza de que el hidrógeno permita obtener energía mediante la fusión nuclear. La fusión nuclear es el proceso mediante el cual dos o más núcleos atómicos se unen para formar un núcleo atómico más pesado. Este proceso viene acompañado por una absorción o desprendimiento de energía dependiendo de la naturaleza de los núcleos atómicos de partida. Los núcleos de los átomos de hierro y níquel son los que tienen la mayor energía de ligadura entre sus partículas subatómicas y, por tanto, son los núcleos más estables de todos los elementos de la tabla periódica. La fusión de núcleos más ligeros que el hierro o níquel resulta, por lo general, en un desprendimiento de energía, mientras que en la fusión de núcleos más pesados que el hierro o níquel se absorbe energía. Es lo contrario de lo que ocurre en la fisión nuclear, que es la base de las centrales nucleares actuales y en las que la rotura (fisión) de núcleos atómicos pesados como el uranio proporciona energía al romperse en núcleos atómicos menos pesados.

La fusión nuclear es una de las grandes esperanzas de la humanidad en cuanto a la obtención de energía se refiere y, aunque aún no se han conseguido grandes resultados más allá de algunos ensayos en el laboratorio, hay grandes esperanzas depositadas en el *Reactor Termonuclear Experimental Internacional* (proyecto ITER), que operará en Cadarache, Francia. La reacción de fusión que requiere menos energía para iniciarse es la del hidrógeno, que origina helio (el hidrógeno tiene un protón, por lo que es el núcleo atómico más simple, y le sigue el helio, con dos protones).

Sir Marcus Oliphant (1901-2000), discípulo de Ernest Rutherford (1871-1937), fue el primero en conseguir la fusión nuclear del hidrógeno en 1932. Para ello utilizó los isótopos pesados del hidrógeno (deuterio y tritio) que, además de un protón en el núcleo, tienen uno y dos neutrones, respectivamente. Los núcleos de hidrógeno, al igual que cualquier otro núcleo atómico, se repelen entre ellos debido a su carga positiva. Sin embargo, bajo temperaturas muy elevadas, su movimiento aleatorio puede superar esta repulsión eléctrica ($E_{cinética} > E_{potencial}$) y se pueden acercar hasta el punto de que la interacción nuclear empieza a actuar y los núcleos se fusionan. La fuerza de repulsión entre núcleos de hidrógeno es la misma para todos los isótopos porque todos tienen la misma carga (un protón en el núcleo), en cambio la atracción nuclear es mayor entre núcleos de deuterio y tritio debido a la presencia de neutrones en comparación con el hidrógeno ordinario (que no tiene ningún neutrón), de modo que la fusión nuclear es más fácil en el caso de los isótopos pesados del hidrógeno.

 La energía liberada en la fusión del tritio se utilizó por primera vez en Estados Unidos en 1952 para la fabricación de armamento nuclear (bomba H o bomba de hidrógeno) y, poco después, en la Unión Soviética, Reino Unido, Francia y China. En una bomba de hidrógeno primero tiene lugar una reacción explosiva de fisión nuclear convencional, que luego se utiliza para comprimir y calentar el hidrógeno para provocar su fusión nuclear. El resultado es un arma que libera quinientas veces más energía que las bombas nucleares de fisión convencionales. Lamentablemente, la frontera entre la generación de energía para fines constructivos o destructivos es demasiado tenue.

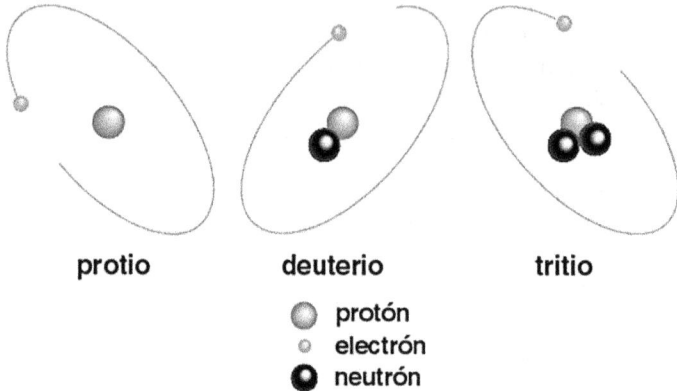

protio   **deuterio**   **tritio**

○ **protón**
○ **electrón**
● **neutrón**

1.6/ El hidrógeno tiene tres isótopos. El hidrógeno ordinario, o protio, es el más simple (sólo contiene un protón en el núcleo) y el más abundante (99.9885%). El núcleo de deuterio (0.0115%) tiene un protón y un neutrón, y el de tritio tiene un protón y dos neutrones y es radioactivo.

La fusión nuclear del hidrógeno se produce de forma natural en las estrellas. La cantidad de energía liberada es tal que hace que éstas sean un foco de luz y calor en el universo. En el Sol, por ejemplo, se fusionan unos 600 millones de toneladas de hidrógeno por segundo, produciendo unos 596 millones de toneladas de helio. Las cuatro toneladas por segundo restantes de hidrógeno son las que se convierten directamente en energía. Esta energía está formada mayoritariamente por rayos gamma y rayos X que, al acercarse a la superficie, son absorbidos por otros átomos que, a su vez, emiten la energía en otras longitudes de onda, sobre todo en forma de luz visible. Para darnos una idea de la cantidad de energía emitida por el Sol basta recordar que, siendo la distancia que separa el Sol de la Tierra de, nada más y nada menos, unos ciento cincuenta millones de kilómetros, ¡podemos notar la energía de la fusión nuclear del hidrógeno en nuestra piel!

Así pues, las estrellas contienen grandes cantidades de núcleos de hi-

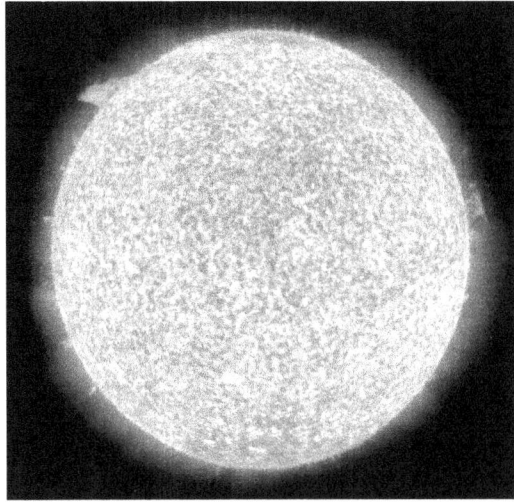

drógeno en su interior que con el tiempo se fusionan para originar otros núcleos atómicos, cada vez más pesados. Ahora bien, ¿de dónde proviene el hidrógeno de las estrellas? Según el modelo cosmológico del *big bang* el universo está en expansión a partir de un estado inicial de densidad y temperatura infinitas. A los pocos segundos de iniciarse esta expansión, la temperatura y la densidad decrecieron lo suficiente como para permitir la formación de los protones, neutrones y electrones a partir de partículas subatómicas elementales. Unos minutos más tarde algunos neutrones y protones (aproximadamente 1 de cada 12) se combinaron para originar núcleos de deuterio, helio y litio, aunque la mayor parte de los protones permanecieron como núcleos de hidrógeno. Después de unos trescientos ochenta mil años los núcleos de hidrógeno, deuterio y helio se combinaron con electrones y formaron átomos. El resultado final fue un universo constituido básicamente por hidrógeno (aproximadamente 75% en peso) y helio (casi el 25% restante). La casi totalidad del resto de elementos químicos de la tabla periódica se han sintetizado en el interior de las estrellas, durante miles de millones de años, y apenas representan el 1% de todos los átomos del universo. Dicho de otro modo, la mayor parte del universo es hidrógeno.

¿Cómo es entonces que en la Tierra no tenemos hidrógeno? Volvamos otra vez la mirada al espacio. El Sol y los planetas se formaron hace unos cinco mil millones de años a partir de la contracción de una nebulosa de gas y polvo dominada, evidentemente, por el hidrógeno. A medida que la contracción fue progresando la nebulosa fue girando más rápidamente sobre sí misma y adoptó forma de disco. En el centro, con más masa y temperatura, se originó por acción de la gravedad el Sol, que representa el 99.85% de toda la masa del sistema solar. Los planetas se formaron poco después a partir del disco. Los planetas alejados del Sol, como Júpiter, Saturno y Urano, se formaron en zonas frías y acumularon mucha más masa que los planetas cercanos al Sol, como Venus, la Tierra y Marte, que se formaron en una zona caliente en la que ya no había hidrógeno o elementos volátiles. El resultado es que alrededor del 71% de Júpiter, por ejemplo, es hidrógeno y 24% helio (el planeta tiene una densidad de 1,3 g/cm^3), mientras que la Tierra (densidad 5,5 g/cm^3) está dominada por hierro (32,1%), oxígeno (30,1%), silicio (15,1%), magnesio (13,9%), azufre (2,9%), níquel (1,8%), calcio (1,5%) y aluminio (1,4%).

Elemento	Universo	Litosfera	Biosfera
Hidrógeno	93,3	2,92	49,8
Helio	6,49	-	-
Carbono	0,035	0,16	24,9
Nitrógeno	0,011	-	0,27
Oxígeno	0,063	60,4	24,8
Sodio	-	2,49	-
Magnesio	0,003	1,77	0,031
Aluminio	-	6,2	0,016
Silicio	0,003	20,5	0,033
Potasio	-	1,37	0,046
Calcio	-	1,88	0,073
Hierro	0,00001	1,90	-

Composición atómica (%) del universo, la litosfera y la biosfera.

El hidrógeno es tan solo el decimoquinto elemento más abundante en la superficie terrestre. En condiciones normales el hidrógeno existe como gas diatómico, de fórmula H_2. El hidrógeno no se encuentra en estado libre porque pesa tan poco que la gravedad terrestre no puede retenerlo y escapa al espacio. Tanto es así que nuestra atmósfera sólo contiene alrededor de 1 ppmv (una parte por millón en volumen) de hidrógeno, que proviene de las emisiones volcánicas y del metabolismo de algunas bacterias y algas. La mayor parte del hidrógeno en nuestro entorno inmediato se encuentra formando parte de compuestos químicos más pesados, principalmente agua y, en menor cantidad, también en las moléculas orgánicas.

USOS DEL HIDRÓGENO

El hidrógeno puede utilizarse para fines energéticos, o bien, utilizarse como reactivo químico en procesos industriales. Sin duda, una de las propiedades más destacables del hidrógeno es su capacidad como portador de energía. La combustión de un kilogramo de hidrógeno puede llegar a proporcionar 142 MJ de energía, que es el equivalente a 39 kWh (algo así como el consumo eléctrico de una vivienda de cuatro personas durante dos semanas). De entre los combustibles no nucleares el hidrógeno es el que tiene mayor densidad energética en peso. En cambio, dado que el hidrógeno es la sustancia menos densa que se conoce, tan solo unos 0,09 gramos por litro, su densidad energética en volumen cuando se encuentra en estado gas es muy baja (0,011 MJ/L).

Proceso	Densidad de energía (MJ/kg)
Fusión nuclear de hidrógeno	625000000
Fisión nuclear de uranio	88000000
Combustión de hidrógeno	142
Combustión de gas natural	54
Combustión de gasolina	47
Combustión de carbón	15-33
Combustión de madera	6-17

Por otro lado y lejos de su vertiente energética, el hidrógeno se utiliza desde hace muchos años como materia prima en la industria, sobre todo en la industria química y petroquímica y, en mucha menor proporción, en las industrias farmacéutica, electrónica, metalúrgica y aeroespacial. La obtención y

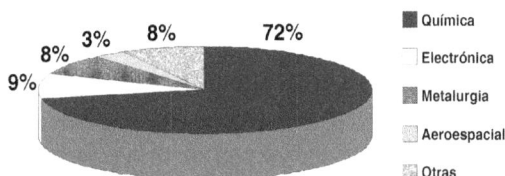

1.8/ Uso actual del hidrógeno en la industria.

- 72% Química
- 9% Electrónica
- 8% Metalurgia
- 8% Aeroespacial
- 3% Otras

manipulación del hidrógeno es, por tanto, conocida y empleada a diario.

Dos de los procesos químicos más importantes en los que el hidrógeno se usa como reactivo son la fabricación de amoniaco y la fabricación de metanol. Tanto el amoniaco como el metanol son dos productos muy valorados en la industria química en tanto que son materias primas para la obtención de fertilizantes y otros muchos compuestos. En la síntesis del amoniaco el hidrógeno reacciona con nitrógeno y en la síntesis del metanol lo hace con monóxido de carbono:

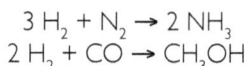

$$3 \; H_2 + N_2 \rightarrow 2 \; NH_3$$
$$2 \; H_2 + CO \rightarrow CH_3OH$$

En ambos casos hace falta un catalizador para llevar a cabo la reacción, puesto que el enlace H-H de la molécula de hidrógeno es fuerte (436 KJ/mol). Además, hay que trabajar a presión alta, ya que, en ambos casos, hay más moléculas de reactivos que de productos (principio de Le Chatelier).

La fabricación industrial de amoniaco a partir de hidrógeno y nitrógeno del aire se lleva a cabo sobre un catalizador de hierro y permite la obtención de suficientes fertilizantes como para garantizar la explotación actual del suelo agrícola. Por este motivo es una reacción que ha sido estudiada muy a fondo y en la que tres premios Nobel se han visto involucrados, Fritz Haber (1868-1934) en 1918, Carl Bosch (1874-1940) en 1931 y, muy recientemente, Gerhard Ertl (1936-) en 2007. Los dos primeros ensayaron de manera sistemática miles de catalizadores distintos y sentaron las bases del proceso actual, que también se llama *proceso Haber-Bosch*, mientras que Ertl ha estudiado el mecanismo mediante el cual transcurre la reacción en la superficie del catalizador. Otro proceso importante en el que participan el hidrógeno y el monóxido de carbono es en la fabricación de gasolina sintética y otros productos (proceso Fischer-Tropsch). En la industria química también se utiliza el hidrógeno en procesos de hidrogenación, por ejemplo en la hidrogenación de aceites y grasas vegetales y animales (fabricación de margarina), en la que se transforman enlaces C=C por enlaces HC-CH. En este caso se utilizan catalizadores de níquel para aprovechar la tendencia del hidrógeno a adsorberse sobre la superficie de este metal, proceso mediante el cual el enlace H-H se rompe con facilidad. Asimismo, la hidrogenación de otros substratos es una práctica común en la industria farmacéutica para obtener, por ejemplo, vitaminas y otras sustancias de alto valor añadido.

En la industria petroquímica el hidrógeno se utiliza en bastantes operaciones, como en la eliminación del azufre que contiene el petróleo y que resulta nefasto para los catalizadores que se emplean en su craqueo y transformación, para transformar las fracciones pesadas del petróleo a fracciones más ligeras y estables, etc. En la industria metalúrgica se hace uso del hidrógeno debido a su capacidad para reducir óxidos metálicos y prevenir la oxidación de los metales y aleaciones en ciertos tratamientos a temperatura elevada y soldaduras. Con la misma finalidad se usa el hidrógeno en la fabricación de barras de combustible en la industria nuclear. En el sector aerospacial el hidrógeno se utiliza como combustible para cohetes, donde se hace uso de la energía liberada durante su oxidación con oxígeno o flúor. En la industria electrónica se hace uso del hidrógeno como portador de compuestos traza (arsina, fosfina, etc.) en la fabricación de capas semiconductoras, y en la industria gasista el hidrógeno se utiliza para la purificación catalítica de gases que contienen trazas de oxígeno.

2

¿CÓMO SE OBTIENE EL HIDRÓGENO?

En su libro *La isla misteriosa*, Julio Verne (1828-1905) cuenta cómo cinco norteamericanos son transportados a una isla lejana por una tormenta repentina mientras viajaban en globo. Una de las conversaciones que mantienen el ingeniero Cyrus Smith, su sirviente Neb, el periodista Gideon Spillett y un marinero, de nombre Pencroft, es la siguiente:

» - Sin carbón no habría maquinaria, y sin maquinaria no habría trenes, máquinas de vapor, fábricas, nada de lo que es imprescindible a la civilización moderna.
- ¿Qué es lo que quemarán en lugar de carbón?
- Agua, replicó Cyrus.

2.1/ Para que el hidrógeno pueda ser utilizado como vector energético, primero hay que idear maneras de obtenerlo haciendo uso de fuentes primarias de energía.

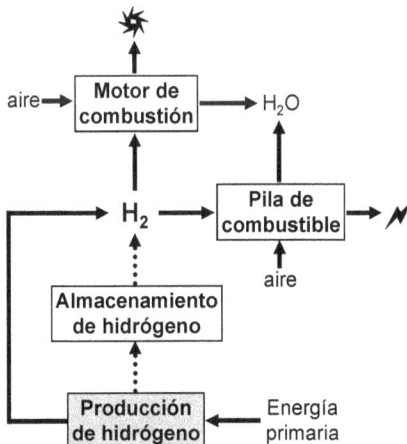

- ¿Agua?, se sorprendió Pencroft. ¿Agua para calentar agua?
- Sí, pero agua en sus elementos primitivos, dijo Cyrus. Creo que un día el agua se utilizará como combustible, que el hidrógeno y el oxígeno del agua, por separado o de manera conjunta, proporcionarán una fuente inagotable de luz y calor.
- Habrá que verlo, observó el marinero.
- Has nacido demasiado pronto, Pencroft, contestó Neb. »

Julio Verne publicó esta obra en 1874, en pleno comienzo de la Segunda Revolución Industrial. En esta época el carbón continuaba siendo la fuente principal de energía, pero aparecieron también la electricidad y el petróleo. El petróleo y sus derivados se usaban básicamente para el alumbrado. Por su parte, la electricidad indujo la renovación de las comunicaciones (teléfono, telégrafo, radio,...), del transporte (tranvía, metro,...) y permitió que las fábricas se desvinculasen de las minas de carbón, un aspecto muy importante y determinante de esta segunda etapa de la Revolución Industrial. ¿Qué es lo que motivó a Julio Verne a preguntarse por la fuente de energía que sustituiría al carbón, si en 1874 había grandes cantidades de carbón disponibles? No lo sabemos, pero lo que sí podemos decir es que, una vez más, Julio Verne acertó al imaginar el poder energético del hidrógeno. Nosotros hemos nacido más tarde que el marinero Pencroft y, por tanto, conocemos el poder del hidrógeno. Pero también sabemos que el hidrógeno no es una fuente de energía puesto que no se encuentra libre en la naturaleza. Ya lo hemos visto, el hidrógeno se encuentra en

2.2/ Principales métodos y fuentes de energía primaria para obtener hidrógeno. El hidrógeno puede obtenerse a partir de fuentes renovables (eólica, solar, biomasa, etc.) y no renovables (combustibles fósiles y nuclear) mediante diversos métodos, siendo los procesos termoquímicos de reformado y la electrólisis del agua los más comunes.

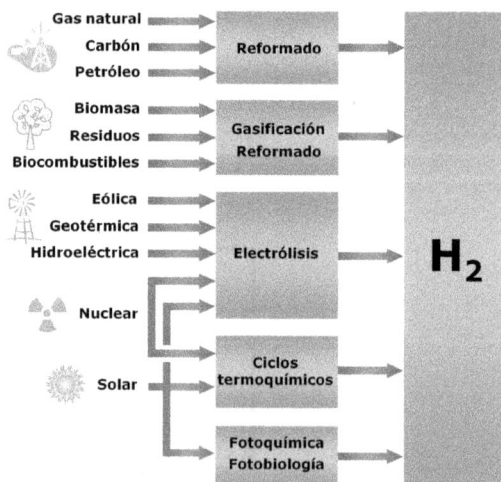

nuestro entorno formando parte, sobre todo, del agua y de las moléculas orgánicas. Hay muchas maneras distintas de obtener hidrógeno a partir de estas fuentes y esto es, sin duda, una de las grandes ventajas y singularidades del hidrógeno. Versatilidad y adaptación. Versatilidad, porque el hidrógeno se puede obtener de fuentes distintas y por varios mecanismos y, adaptación, porque permite adaptar los distintos procesos a las fuentes disponibles. De una manera análoga a la revolución que supuso el uso de la electricidad en la Segunda Revolución Industrial del siglo XIX, que permitió romper la dependencia de las fábricas con las minas de carbón, el hidrógeno puede suponer una nueva revolución en tanto que nos permita prescindir de fuentes de energía fósiles y contaminantes o, al menos, disminuir su uso.

A PARTIR DE COMBUSTIBLES FÓSILES. EL PROBLEMA DEL CO_2

Más del 95% de la producción actual de hidrógeno en el mundo proviene de los combustibles fósiles, y tan sólo el 4% proviene de la electrólisis del agua, a pesar de la simplicidad de la electrólisis. Esto es debido principalmente a que, de momento, la obtención de hidrógeno a partir de carbón, petróleo o gas natural es mucho más barata que la electrólisis del agua. En total son unas ciento treinta mil toneladas de hidrógeno las que se producen diariamente para usos industriales.

El proceso de obtención de hidrógeno a partir del carbón es muy antiguo, y se realiza cerca de 1000°C al poner en contacto el carbón con agua:

$$C + H_2O \rightarrow CO + H_2$$

La mezcla de hidrógeno y monóxido de carbono (CO) se conoce como «gas de síntesis» y su combustión se utilizó antiguamente para el alumbrado y como fuente de calor en los hogares. Hoy en día se utiliza de manera amplia en la industria química para la fabricación de numerosos compuestos, tal y como se ha apuntado en el capítulo anterior.

2.3/ Fuentes actuales en la producción de hidrógeno.

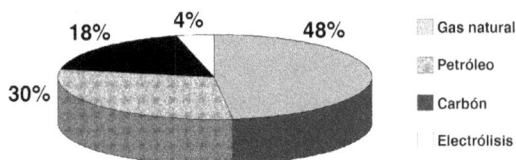

18% | 4% | 48%
30%

Gas natural
Petróleo
Carbón
Electrólisis

La mayor parte del hidrógeno se obtiene hoy en día a partir del gas natural (casi la mitad de todo el hidrógeno producido). La composición del gas natural varía en función del yacimiento del que se extrae, pero normalmente más del 90% del gas natural es metano (CH_4) y el resto una mezcla de nitrógeno (N_2), dióxido de carbono (CO_2), sulfuro de hidrógeno (H_2S) y otros hidrocarburos y compuestos con azufre. En estos momentos el gas natural es un combustible relativamente barato porque su extracción es sencilla, al igual que su transporte y distribución por medio de gaseoductos. La producción de hidrógeno a partir del gas natural se realiza en varias etapas. En primer lugar, se limpia el gas natural para eliminar los compuestos de azufre, que son perjudiciales para el funcionamiento correcto de los catalizadores que se van a usar en las siguientes fases para producir el hidrógeno. Esto se consigue normalmente en dos etapas. Primero se convierten todos los compuestos de azufre a sulfuro de hidrógeno, H_2S, con hidrógeno y un catalizador de cobalto y molibdeno a 290-370°C, y luego se elimina el sulfuro de hidrógeno con óxido de cinc:

$$H_2S + ZnO \rightarrow ZnS + H_2O$$

A continuación hay varias posibilidades para producir hidrógeno, en función de si el gas natural refinado (sin azufre) se hace reaccionar con vapor de agua, oxígeno, una mezcla de éstos, dióxido de carbono, o se descompone directamente. Estas posibilidades reciben, respectivamente, los nombres de reformado con agua, oxidación parcial, reformado oxidativo, reformado con CO_2 y descomposición directa.

Reformado con agua

En el reformado con vapor, el metano reacciona con agua a una temperatura de 800-900°C en presencia de un catalizador de níquel:

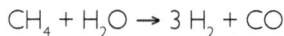

$$CH_4 + H_2O \rightarrow 3\,H_2 + CO$$

Para que el catalizador sea lo más activo posible, es decir, para que convierta la mayor cantidad de metano en el menor tiempo posible, hace falta estabilizar las partículas de níquel sobre un soporte poroso de modo que sean lo más pequeñas posible y expongan así una gran superficie efectiva. Asimismo, con el soporte se consigue que las partículas metálicas no sintericen (se agrupen) a la temperatura de la reacción. Esto se consigue normalmente con óxidos inorgánicos como la alúmina (óxido

2.4/ Fotografía de un catalizador obtenida mediante un microscopio electrónico de transmisión. Los catalizadores que se usan para obtener hidrógeno a partir de la reacción del gas natural con agua están constituidos por partículas de níquel de unos pocos nanómetros de diámetro (un nanómetro es la millonésima parte de un milímetro). Para aumentar su estabilidad y facilitar su manipulación estas partículas se anclan sobre un soporte, generalmente un óxido inorgánico.

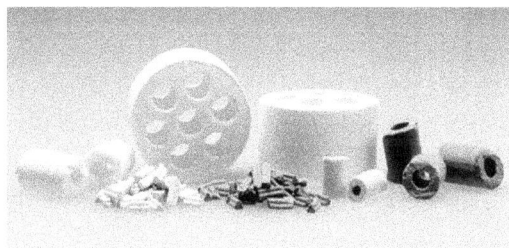

2.5/ En la práctica, los catalizadores se depositan sobre substratos con formas de bolas, anillos, monolitos, etc. para trabajar con grandes cantidades de reactivos y evitar caídas de presión.

de aluminio, Al_2O_3), la magnesia (óxido de magnesio, MgO) o los óxidos mixtos ($CaAl_2O_4$ etc.). Por otra parte, para obtener grandes cantidades de hidrógeno en las fábricas se suele trabajar con caudales altos de metano y agua, en total entre unas cuarenta y setenta toneladas de reactivos por metro cuadrado y hora. Para poder trabajar con estos caudales tan altos se usan estructuras en forma de bolas, anillos, panal de abeja, etc. sobre los que se depositan los catalizadores.

Los catalizadores son unos compuestos fantásticos que nos permiten un sinfín de posibilidades para fabricar compuestos químicos, fármacos, etc. dado que aceleran las reacciones químicas y proporcionan caminos de reacción mediante los cuales se puede trabajar a temperaturas más bajas y conseguir selectividades elevadas hacia los productos deseados (de otra manera se obtienen mezclas de productos deseados y no deseados), pero a menudo son delicados. Un problema con el que se enfrentan los catalizadores que se usan en la obtención de hidrógeno a partir del gas natural es la deposición de residuos carbonosos. Los residuos carbonosos son el producto de reacciones no deseadas sobre algunos lugares del catalizador con propiedades específicas y, con el tiempo, su acumulación dificulta el contacto entre los reactivos y el catalizador y éste deja de funcionar. Cuando esto ocurre se dice que el catalizador ha sido «envenenado». Para minimizar la deposición de residuos carbonosos en los catalizadores durante la obtención de hidrógeno a partir de gas natural se usa un exceso de agua con la finalidad de oxidar estos depósitos. Así, en lugar de usar una molécula de agua por cada molécula de metano, se usan hasta tres moléculas de agua. Con esto se alarga la vida útil del catalizador, que es de unos cinco años, pero por otro lado aumenta el coste de la vaporización de los reactivos durante el proceso.

En esta primera etapa de la reacción, el metano se transforma en una mezcla de hidrógeno y monóxido de carbono, CO. A su vez, a partir del monóxido de carbono, se puede obtener más hidrógeno mediante una segunda reacción, en la que el monóxido de carbono reacciona también con agua para originar dióxido de carbono e hidrógeno. Esta reacción se conoce con el nombre de *reacción de desplazamiento de gas de agua* o WGS (del inglés *water gas shift*). La reacción fue descubierta por Felice Fontana (1730-1805) en 1780 y se utiliza en muchos otros procesos:

$$CO + H_2O \leftrightarrow H_2 + CO_2$$

Los catalizadores, en este caso, acostumbran a ser partículas de cobre y cinc soportadas sobre alúmina, o mezclas de óxidos de hierro y cromo. La termodinámica dicta las condiciones en las que tiene lugar la máxima producción de hidrógeno, entre 190 y 450°C, en función del catalizador utilizado. Así, la reacción global es:

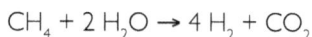

$$CH_4 + 2\ H_2O \rightarrow 4\ H_2 + CO_2$$

La eficiencia del reformado del metano en términos de conversión de energía desde la fuente fósil hasta el hidrógeno es del 65-85%.

Oxidación parcial y reformado oxidativo

La reacción de reformado del metano con agua es una reacción endotérmica (210 kJ/mol), por lo que requiere de un aporte continuo de energía. Esto es debido a que el metano es una molécula muy estable, o dicho de otro modo, los enlaces C-H en el metano son muy fuertes (435 kJ/mol). Por este motivo, una alternativa a este proceso es la oxidación parcial, que es una reacción exotérmica (-71 kJ/mol), es decir, que en lugar de consumir energía lo que hace es desprender calor. La oxidación parcial es una combustión incompleta del metano en la que, en lugar de quemar completamente metano con oxígeno (o directamente con aire, que contiene alrededor del 20% de oxígeno) y obtener agua y dióxido de carbono, se quema metano con un defecto de oxígeno, con lo que se obtiene una mezcla de monóxido de carbono e hidrógeno. Al igual que en el caso del reformado con agua, el CO obtenido puede utilizarse para generar más hidrógeno mediante la reacción de desplazamiento de gas de agua:

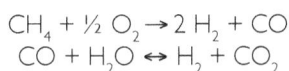

$$CH_4 + \tfrac{1}{2}\, O_2 \rightarrow 2\, H_2 + CO$$
$$CO + H_2O \leftrightarrow H_2 + CO_2$$

Pero no todo son ventajas respecto al reformado con agua. A pesar de ser favorable desde el punto de vista energético, la oxidación parcial del metano, al igual que la de cualquier otro hidrocarburo más pesado, produce menos hidrógeno. Por cada molécula de metano se pueden conseguir hasta tres moléculas de hidrógeno, mientras que en el reformado con agua se consiguen cuatro. Una situación de compromiso se alcanza con el llamado *reformado autotérmico*, en el que el metano se hace reaccionar a la vez con agua y con oxígeno. Con esto se consigue, por un lado, optimizar al máximo el aporte de energía para que la reacción avance al conseguir una situación autotérmica, es decir, que ni falta ni sobra energía una vez que se ha iniciado y, por otro lado, optimizar al máximo la producción de hidrógeno:

$$CH_4 + \tfrac{3}{2}\, H_2O + \tfrac{1}{4}\, O_2 \rightarrow \tfrac{7}{2}\, H_2 + CO_2$$

Pero, de nuevo, no todo son buenas noticias. Ahora el problema del reformado autotérmico reside en que los catalizadores difícilmente son capaces de hacer reaccionar de manera simultánea el metano, el agua y el oxígeno. En lugar de esto, lo que normalmente ocurre es que el metano reacciona más rápido con el oxígeno que con el agua, con lo

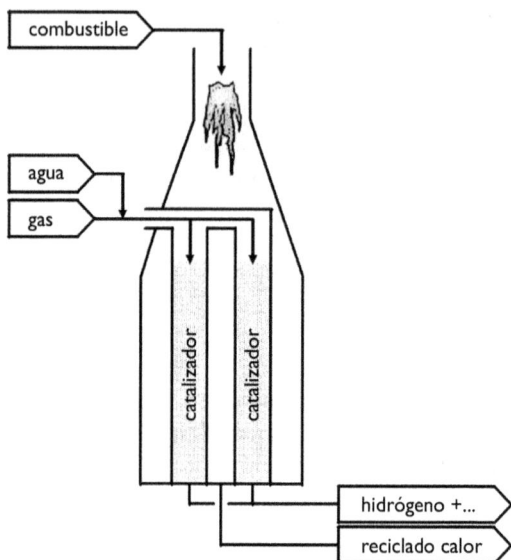

2.6/ Esquema de un reactor para la obtención de hidrógeno a partir del reformado con vapor de gas natural. El gas natural, después de haber sido eliminados los compuestos con azufre, se mezcla con vapor de agua y se introduce en el reactor que está compuesto por múltiples tubos rellenos de catalizador. A la salida se obtiene el hidrógeno junto a otros gases (básicamente CO y CO_2) y se reutiliza el calor para precalentar la entrada de gas al reactor o para vaporizar el agua.

que la temperatura del reactor al principio aumenta súbitamente (oxidación exotérmica) y después decrece (reformado endotérmico). El resultado es que el catalizador sufre con los cambios de temperatura y su vida se acorta.

Emisiones de CO_2

El resultado final de los procesos descritos hasta el momento con el gas natural es que a partir de una molécula de metano se obtienen entre tres y cuatro moléculas de hidrógeno. No está nada mal. Pero, además del hidrógeno, la reacción también da lugar a dióxido de carbono. Por cada molécula de metano se origina una molécula de CO_2. En otras palabras, todo el carbono del metano acaba formando CO_2 o, si se prefiere, por cada kg de H_2 se producen hasta 5,5 kg de CO_2. Las emisiones de CO_2 aún empeoran más si en lugar de obtener el hidrógeno a partir de gas natural se obtiene a partir de hidrocarburos más pesados mediante reacciones análogas, ya que éstos tienen una proporción de átomos de carbono respecto a átomos de hidrógeno superior al metano (en el metano la proporción H/C es de cuatro mientras que en el petróleo es aproximadamente la mitad) y, por tanto, todos los procesos de obtención de hidrógeno resultan en una cantidad de CO_2 aún mayor respecto al hidrógeno generado. Y aquí tenemos un problema, porque el CO_2 es uno de los gases que provocan el aumento de la temperatura en nuestro hábitat por efecto invernadero (hay otros gases que también provocan el mismo efecto, como el N_2O, CH_4 y O_3).

La atmósfera de la Tierra siempre ha tenido CO_2, al menos en los últimos miles de millones de años, y la vida se sustenta en parte gracias a la presencia de CO_2 en la atmósfera mediante la fotosíntesis de las plantas (que después comen los animales, que a su vez son comidos por otros animales). Lo que ocurre es que desde que la humanidad ha quemado combustibles fósiles para obtener energía los niveles de CO_2 en la atmósfera han ido creciendo de manera progresiva y sin control alguno. Cada año se fabrican en el mundo más de cincuenta millones de vehículos equipados con motores de combustión, los cuales son los responsables de las emisiones de más de una cuarta parte de los gases que provocan el efecto invernadero. De continuar así, las previsiones son que la biosfera continuará calentándose entre 1 y 4 grados durante el siglo XXI. Venus es el único planeta que conocemos con una cantidad de CO_2 en la atmósfera mayor que la Tierra. En la atmósfera de Venus hay tanto dióxido de carbono que el efecto invernadero se ha desbocado y la temperatura de su superficie es de unos 450°C, suficiente como para fundir el plomo... Las consecuencias del efecto invernadero en la Tierra, a pesar de que ya fueron predichas hace más de un siglo por Svante August Arrhenius (1859-1927), premio Nobel de química del año 1903, son una de las preocupaciones medioambientales más importantes de nuestros tiempos.

Entonces, si deseamos producir hidrógeno a partir de gas natural, carbón o petróleo, no estamos solucionando el problema de las emisiones de CO_2. Una solución al problema es confinar el CO_2 producido durante la obtención del hidrógeno para que no escape a la atmósfera. Es lo que se conoce como «secuestro de CO_2» y que puede llevarse a cabo de manera eficaz en los focos de producción del CO_2 a gran escala (fábricas), pero no en los vehículos tradicionales equipados con motores de combustión, por ejemplo. Desde hace unos años se está trabajando en la captura del CO_2 que se origina en las centrales térmicas en las que se queman los combustibles fósiles para obtener energía y en su absorción mediante métodos químicos o inyección a gran escala en yacimientos geológicos. Pero el confinamiento del CO_2 en sistemas naturales no es fácil. La realidad es que las emisiones de CO_2 a la atmósfera continúan

2.7/ Concentración de CO_2 en partes por millón (ppm) en la atmósfera de Hawai durante los últimos decenios. Las oscilaciones se deben a los ciclos anuales de crecimiento de las plantas. La cantidad de CO_2 en la atmósfera terrestre ha aumentado de manera considerable debido a la quema a gran escala de combustibles fósiles para la obtención de energía. En estos momentos la cantidad de CO_2 en la atmósfera se sitúa en torno a 400 ppm.

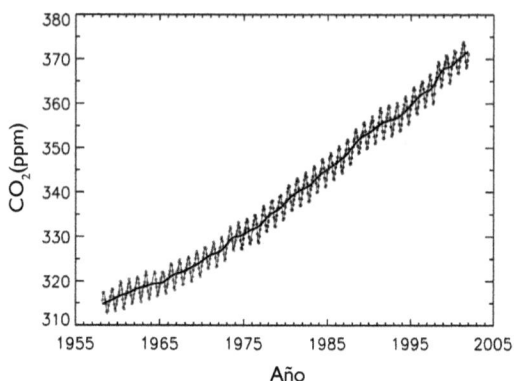

aumentando año tras año a pesar de la presión de la opinión pública, los comunicados de las Naciones Unidas, la instauración de medidas fiscales o el premio Nobel de la paz del 2007 concedido a Albert Arnold Gore (1948-) y al Panel Intergubernamental del Cambio Climático de las Naciones Unidas (IPCC) por «sus esfuerzos para construir y difundir un mayor conocimiento sobre el cambio climático causado por el hombre y poner las bases para las medidas para contrarrestar ese cambio». La producción de hidrógeno, por tanto, no debe contribuir a emitir CO_2 de origen fósil a la atmósfera, tal y como ahora ocurre, si deseamos que el hidrógeno sea un vector energético limpio

Reformado con CO_2 y descomposición directa del metano

En este contexto, la reacción entre el metano y el CO_2 es un proceso muy interesante porque sirve tanto para producir hidrógeno como para consumir dióxido de carbono. El problema ahora es que es una reacción incluso más endotérmica que el reformado del metano con agua y se requieren temperaturas aún más altas:

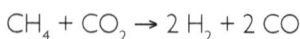

$$CH_4 + CO_2 \rightarrow 2\,H_2 + 2\,CO$$

Otro proceso para producir hidrógeno a partir de gas natural que no conlleva emisiones de CO_2 asociadas es la descomposición directa del metano en hidrógeno y carbón. Para ello se utilizan catalizadores de níquel soportados sobre SiO_2 y temperaturas del orden de 500 a 700°C:

$$CH_4 \rightarrow 2\,H_2 + C$$

Curiosamente, esta reacción también se utiliza para obtener nanotubos y fibras de carbono, con aplicaciones en nanotecnología, nuevos materiales, etc. No obstante, el aumento de volumen del lecho catalítico por la formación de las estructuras de carbono constituye un problema para llevar a cabo esta reacción para obtener hidrógeno a gran escala.

En definitiva, la obtención actual de hidrógeno a partir de combustibles fósiles no constituye una alternativa limpia al modelo energético actual, ya que en la mayoría de los casos se emiten cantidades parecidas de CO_2. Es cierto que la combustión de hidrógeno es más limpia y eficiente que la combustión de gas natural y, por lo tanto, hace falta consumir menos cantidad de gas natural si éste se transforma a hidrógeno. Pero el coste energético de la producción del hidrógeno a partir del gas natural no siempre compensa estas ventajas. En cambio, algunos de los procesos que se están investigando en los que se utiliza CO_2 como reactivo o en los que se obtienen estructuras de carbón con aplicaciones interesantes ofrecen nuevas posibilidades a tener en cuenta.

A PARTIR DE BIOMASA

La biomasa comprende al conjunto de material biológico vivo o muerto de manera reciente. La biomasa no incluye a los combustibles fósiles ya que, pese a su origen casi exclusivamente biológico, han permanecido largo tiempo fuera del ciclo del carbono. El ser humano ha utilizado la biomasa como combustible desde tiempos inmemoriales. La combustión de la madera, por ejemplo, fue la primera conversión de energía química a energía térmica que se llevó a cabo en tiempos prehistóricos y, aún hoy, continúa siendo una fuente de energía importante en los países no industrializados. El 90% del consumo de energía de la biomasa tiene lugar en los países en vías de desarrollo y para dos mil millones de personas, la biomasa es la principal fuente de energía para usos domésticos. A diferencia de los combustibles fósiles, el dióxido de carbono que se produce durante la combustión o transformación de la biomasa no constituye un aporte neto de este gas a la atmósfera, puesto que es el mismo CO_2 que en su día fue fijado por las plantas para crecer a través de la fotosíntesis.

Por tanto, la utilización de la biomasa como fuente de energía tiene la gran ventaja de ser neutra respecto a las emisiones de CO_2.

La biomasa también puede utilizarse como fuente de hidrógeno. Para ello pueden usarse métodos directos como la gasificación, o utilizar biocombustibles derivados. La ventaja de la gasificación es que es un proceso directo que apenas requiere de una preparación previa de la biomasa, pero su inconveniente es que la cantidad de hidrógeno que se obtiene es baja (hay que tener en cuenta que la biomasa contiene por término medio sólo un átomo de hidrógeno por cada nueve átomos de carbono). Por el contrario, la obtención de hidrógeno a partir de biocombustibles puede llegar a ser muy eficiente, pero en este caso hace falta un procesado previo de la biomasa para obtenerlos.

Antes de explicar los métodos más importantes de obtención de hidrógeno a partir de la biomasa es necesario realizar una reflexión sobre el dilema que representa el hecho de utilizar la biomasa como fuente de energía en lugar de fuente de alimentos. Como es sabido, el precio de alimentos básicos como el arroz, maíz o el aceite ha aumentado de manera exagerada en los últimos años, poniendo en peligro la supervivencia de muchas personas en países no desarrollados. Una de las posibles causas de esta subida de precios, aunque no la única, es la utilización de estos productos para la fabricación de biocombustibles para fines energéticos. Los dos biocombustibles más importantes en cuanto a volumen de producción son el bioetanol, que hasta ahora se obtiene básicamente por fermentación de biomasa rica en hidratos de carbono (maíz, cebada, centeno, avena, caña de azúcar...), y el biodiésel, que se obtiene mediante la esterificación de aceites de plantas oleaginosas (girasol, soja...) y de otros aceites. El uso de biocombustibles para la automoción no es nuevo, puesto que países como Brasil llevan años utilizando bioetanol obtenido a partir de la caña de azúcar como combustible en motores de combustión y, también desde hace años, el bioetanol es un aditivo habitual de la gasolina en países como Estados Unidos, donde se obtiene mayoritariamente a partir del maíz. Lo que ocurre es que, motivados por la voluntad de reducir las emisiones netas de CO_2 y SO_2 a la atmósfera y el aumento constante del precio de los combustibles fósiles, los países industrializados están incorporando cada vez más los biocombustibles en sus planes energéticos, lo que provoca que se estén destinando tierras de cultivo tradicional a cultivos energéticos. Por ejemplo, la Unión Europea (Plan de Acción sobre el Clima y las Energías Renovables, 23 de enero de 2008) pretende que el 5% del transporte utilice biocombustibles en el año 2010, y el 10% en el 2020, mientras que en Estados Unidos se ha propuesto que el 15% de sus coches lo hagan antes del 2017. Entre los años 2000 y 2005 la producción mundial de bioetanol se ha duplicado y la de biodiésel se ha triplicado, y en estos momentos se calcula que el 20% y 50% de la producción mundial de maíz y colza, respectivamente, se ha desviado hacia este sector. La clave reside en que no toda la biomasa es apta para el consumo humano o animal. Así, resulta esencial hacer la distinción entre biomasa comestible, en su sentido más amplio, y biomasa no comestible. Esta distinción es fundamental para dictaminar el uso ético de los biocombustibles. Los dos extremos lo representan, por un lado, los cultivos energéticos, cuyo objetivo es la obtención de biocarburantes, y por el otro, los residuos agrícolas y forestales procedentes de actividades rurales o industriales que no pueden utilizarse como alimento. Hacia estos últimos deben encaminarse exclusivamente los objetivos energéticos. El hambre continua siendo uno de los grandes problemas del mundo globalizado actual, una tragedia que exige soluciones especialmente por parte de los países ricos que ejercen el control político y económico de la mundialización. Confiemos en que los biocombustibles no agranden aún más las diferencias.

Gasificación de biomasa

La pirólisis y gasificación directa de la biomasa constituyen dos rutas para la obtención de hidrógeno que ya se están practicando desde hace años. La pirólisis consiste en calentar la biomasa de manera súbita a temperaturas entre 400-600°C en ausencia de oxígeno, mientras que en la gasifica-

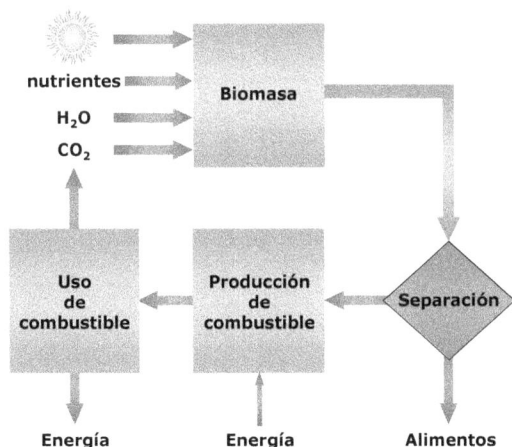

2.8/ El uso de la biomasa como fuente de energía no tiene emisiones netas de CO_2, puesto que el CO_2 que se genera corresponde al mismo CO_2 que en su día tomó la planta de la atmósfera para crecer.

nutrientes
H_2O
CO_2

Biomasa

Uso de combustible

Producción de combustible

Separación

Energía   Energía   Alimentos

2.9/ La biomasa puede utilizarse directamente para obtener hidrógeno y otros compuestos mediante un proceso de gasificación o pirólisis, o bien utilizarse como fuente de biocombustibles.

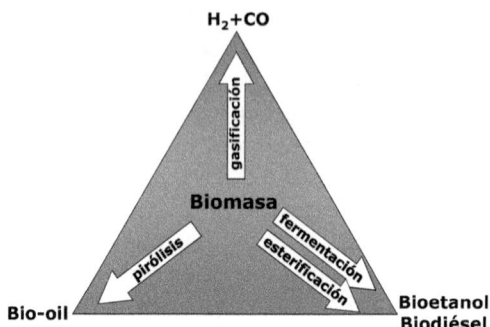

ción se calienta la biomasa en presencia de aire y vapor de agua. En ambos casos se obtiene una mezcla gaseosa de hidrógeno, metano, monóxido de carbono y dióxido de carbono, principalmente, y un residuo líquido-sólido de alquitrán, brea y carbón, entre otros. La composición exacta de los productos depende en gran medida del origen y naturaleza de la biomasa, y puede llegar a proporcionar alrededor de un 40% de H_2 en el gas.

Reformado de bioetanol

El bioetanol es una mezcla principalmente de etanol y agua que se obtiene con facilidad a partir de la biomasa. Esta mezcla puede reformarse aplicando temperatura en presencia de un catalizador para producir una corriente gaseosa rica en hidrógeno. Idealmente, la reacción que tiene lugar es:

$$C_2H_5OH + 3\,H_2O \rightarrow 6\,H_2 + 2\,CO_2$$

Esta reacción produce hasta seis moléculas de hidrógeno por cada molécula de etanol reaccionado dado que la mitad del hidrógeno proviene también de la transformación del agua. Según lo que ya hemos comentado, el dióxido de carbono que se desprende no constituye un problema medioambiental, dado que la cantidad que se forma es la misma que la cantidad de CO_2 que en su día tomó la biomasa de la atmósfera para crecer. Al igual que en otras reacciones de reformado, la presión ejerce un efecto negativo en la reacción, puesto que se obtienen más moléculas de productos que de reactivos iniciales, y el proceso se lleva a cabo a presión atmosférica o presiones bajas.

El reformado de etanol implica la rotura de un enlace C-C y esto requiere de un catalizador idóneo, generalmente un metal soportado sobre un óxido inorgánico. El soporte puede ejercer una influencia importante en tanto que no sólo actúa como elemento dispersante y estabilizante de las partículas metálicas del catalizador (normalmente Ni, Cu, Co, Ru, Rh, Pt, Pd y mezclas de éstos), sino que puede participar directamente en la transformación del etanol. Así, los soportes clásicos como la sílice, SiO_2, alúmina, Al_2O_3, y magnesia, MgO, no son adecuados debido a sus propiedades ácido-base, y se requiere el uso de soportes con características redox como el óxido de cinc, ZnO, óxido de cerio, CeO_2, óxido de circonio, ZrO_2, perovsquitas o el óxido de cobalto, Co_3O_4. Otro aspecto crucial de la reacción reside en la selectividad del catalizador hacia los productos deseados (H_2 y CO_2), ya que, además del reformado, pueden tener lugar otras muchas reacciones de transformación del etanol que resultan en una disminución del hidrógeno producido, sobre todo reacciones de descomposición, formación de nuevos enlaces C-C y la reacción inversa de desplazamiento de gas de agua, en la que el H_2 y el CO_2 generados reaccionan para originar una mezcla en equilibrio con CO y H_2O. Para obtener una buena selectividad es conveniente trabajar a temperaturas bajas, y esto se consigue, especialmente, con catalizadores de cobalto. El problema de los catalizadores de Co, al igual que los de otros metales de la primera serie de transición (como el Ni), es que generan residuos carbonosos durante el reformado que acaban envenenando al catalizador. Para corregir este defecto se pueden añadir pequeñas cantidades de promotores alcalinos (los residuos carbonosos se forman preferentemente sobre centros ácidos en los que el etanol se deshidrata y origina etileno, que a su vez polimeriza y forma los residuos carbonosos), o bien, se puede alear el Co con otros metales. El efecto de las aleaciones en el reformado de etanol se ha demostrado que es muy positivo en otros catalizadores, por ejemplo Rh y Pd soportados sobre CeO_2.

Se están consiguiendo avances muy importantes en la producción de bioetanol a partir de la fracción no comestible de los vegetales. Esta fracción está constituida, aproximadamente, por un 40-50% de celulosa, 20-30% de hemicelulosa y un resto de lignina, minerales, etc. La celulosa es un polímero lineal que contiene moléculas de glucosa (cada cadena contiene entre doscientas y diez mil unidades) y es el que da consistencia a los vegetales. La hemicelulosa es otro polímero de cadena más corta y ramificada que está formado por cinco azúcares: glucosa, galactosa, arabinosa, manosa y xilosa. La obtención de etanol a partir de la celulosa y hemicelulosa no es fácil. Las cadenas de celulosa y hemicelulosa pueden romperse mediante reacciones de hidrólisis con ácidos, pero también existen enzimas específicos, como la celulasa, capaz de degradar la celulosa y liberar las moléculas de glucosa. Sea cual sea el método escogido, lo cierto es que siempre hay que tratar primero la celulosa y la hemicelulosa con distintos reactivos a temperaturas entre 80 y 200°C para que el proceso sea rápido y viable desde el punto de vista económico. A continuación se lleva a cabo la fermentación de los azúcares a etanol. Las levaduras son capaces de realizar la conversión de los azúcares con seis átomos de carbono como la glucosa de manera eficiente, pero no así con los azúcares de cinco átomos de carbono como la arabinosa y la xilosa. Por este motivo se usan bacterias y levaduras alteradas genéticamente que sí son capaces de transformar la totalidad de los azúcares provenientes de la rotura tanto de la celulosa como de la hemicelulosa. Finalmente la mezcla resultante de la fermentación se destila para separar y concentrar el etanol del resto. La lignina y las porciones no transformadas a etanol se pueden quemar para proporcionar el calor y la electricidad necesarias para llevar a cabo la totalidad del proceso. ¡Si se aprovechara de esta manera toda la biomasa no comestible para fines energéticos sería posible disminuir el consumo de gasolina para el transporte en todo el mundo aproximadamente a la mitad!

A PARTIR DEL VIENTO. ELECTRÓLISIS DEL AGUA

Otra manera de producir hidrógeno es mediante la electrólisis del agua. En este caso el hidrógeno que se obtiene es de elevada pureza, comparado con los métodos anteriores, y el oxígeno que se genera en el proceso puede utilizarse, por ejemplo, en el tratamiento de aguas. Pero para ello hace falta una fuente de electricidad. La energía eólica, que genera electricidad de manera discontinua que no siempre se puede enviar a la red eléctrica, tiene en el hidrógeno un aliado inigualable para conservarla y modularla. El hidrógeno complementa perfectamente las limitaciones de la energía eólica (y otras energías renovables) y viceversa. El elevado coste energético de realizar la electrólisis del agua para generar hidrógeno tiene en la electricidad de los parques eólicos una fuente adecuada y barata de energía. Podemos decir que las energías renovables y el hidrógeno constituyen un binomio fundamental para la implementación del hidrógeno como vector energético. A pesar que las energías renovables no tienen una eficiencia energética elevada y que en el proceso de electrólisis del agua los rendimientos son del orden del 65-70%, éstas constituyen una fuente primaria de energía gratuita y sin emisiones de CO_2. La producción de hidrógeno a partir de energía eólica fue propuesta por primera vez en 1923 por John Burdon Sanderson Haldane (1892-

1964) en una conferencia que impartió en la Universidad de Cambridge, titulada «Dédalo, o la ciencia y el futuro», antes de que se hiciera famoso por sus contribuciones al neodarwinismo. En la actualidad, el número de parques eólicos en los que se combina la producción de electricidad y la de hidrógeno aumenta año tras año.

El agua es la fuente de hidrógeno más abundante en nuestro planeta. No obstante, el hidrógeno se encuentra enlazado fuertemente al oxígeno y en una celda electrolítica el valor teórico del potencial que es preciso aplicar entre los electrodos para separar el agua en hidrógeno y oxígeno en condiciones normales, considerando exclusivamente la energía libre de Gibbs, es de 1,229 V (237,2 kJ/mol). No obstante, la reacción en estas condiciones es endotérmica debido al incremento de entropía asociado con la disociación del agua y el potencial que le corresponde a la entalpía del proceso es de 1,482 V (285,8 kJ/mol). En la práctica el potencial que se requiere es algo mayor debido a las pérdidas de energía asociadas a la cinética de la reacción en los electrodos, transporte de carga, etc. El voltaje en exceso que es necesario aplicar recibe el nombre de *sobrepotencial*, y el diseño de los electrolizadores pretende minimizar su valor para conseguir un mayor rendimiento. Asimismo, la temperatura y presión de trabajo tienen una gran influencia sobre las condiciones de la electrólisis y su rendimiento. Un aumento de la temperatura tiene un efecto positivo en tanto que reduce el potencial, ya que la conductividad del electrolito aumenta y la velocidad de la reacción también aumenta. Por ejemplo, si en lugar de trabajar a temperatura ambiente se trabaja a 80°C el potencial teórico disminuye de 1,48 a 1,18 V. Por lo que a la presión de trabajo se refiere, a medida que ésta aumenta también disminuye el sobrepotencial.

En la electrólisis de agua no se utiliza agua pura, ya que ésta no es un buen conductor iónico. Resulta necesario variar el pH del electrolito mediante la adición de un ácido o una base, de modo que aumente la concentración de protones o grupos hidroxilo, respectivamente, y la movilidad iónica sea lo suficientemente grande como para disminuir la resistencia eléctrica y no contribuir de manera apreciable al sobrepotencial. Normalmente se utiliza un medio alcalino porque el medio ácido conlleva problemas de corrosión más importantes. Las bases que se añaden acostumbran a ser hidróxido de sodio, $NaOH$, o de potasio, KOH:

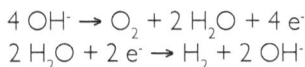

$$4 \, OH^- \rightarrow O_2 + 2 \, H_2O + 4 \, e^-$$
$$2 \, H_2O + 2 \, e^- \rightarrow H_2 + 2 \, OH^-$$

El valor de conductividad eléctrica es máximo cuando la concentración de KOH está cerca del 28%, por lo que la mayoría de los electrolizadores alcalinos contienen concentraciones del 25 al 35%. Durante la electrólisis, el hidrógeno se produce en el cátodo (normalmente de níquel) y el oxígeno en el ánodo (habitualmente perovsquitas tipo $LaCoO_3$ o $LaNiO_3$). Asimismo se fuerza la circulación del electrolito en la celda electrolítica para asegurar una temperatura de operación constante y reducir el tiempo de adherencia de las burbujas de gases sobre los electrodos, que de otra manera provocarían problemas de difusión y un sobrepotencial adicional. En función de la cantidad de hidrógeno producido, la concentración del electrolito se mantiene constante mediante la adición de agua pura. Dado que el hidrógeno generado está húmedo, a la salida del electrolizador hace falta eliminar el agua y los iones del electrolito adsorbidos mediante un condensador. Las zonas anódica y catódica se mantienen separadas con un diafragma para evitar así que el hidrógeno y el oxígeno producidos se mezclen. El diafragma suele ser de asbesto ($Mg_3Si_2O_5(OH)_4$), de un polímero (politetrafluoroetileno, PTFE), o de óxidos cerámicos (como NiO o $BaTiO_3$), y posee poros de un tamaño similar a las burbujas más pequeñas posibles de gas que se puedan formar, que en el caso del hidrógeno es de unos 0,01 milímetros. En la práctica, los electrolizadores alcalinos trabajan a potenciales de entre 1,8 y 2,2 V, una densidad de corriente alrededor de 0,4 A/cm^2, y una temperatura de 80-90°C.

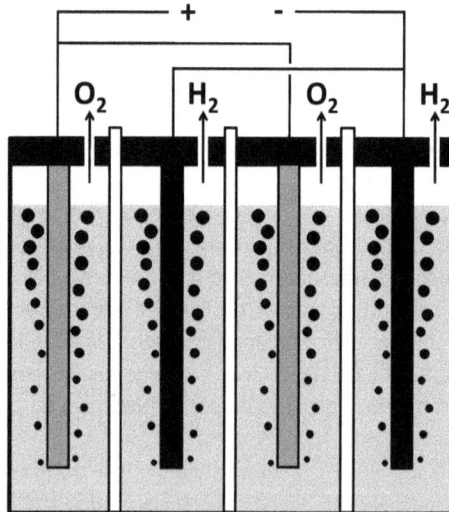

2.10/ Esquema de un electrolizador alcalino convencional de dos celdas.

Para generar un litro de hidrógeno del 99,8% de pureza se necesitan alrededor de 0,3 kWh (rendimiento del 60-80%).

Otro tipo de electrolizadores están equipados con membranas de intercambio de protones. Con ellos se alcanzan eficiencias del 80-90% y la pureza del hidrógeno que se obtiene es superior al 99,999%. De este tipo de tecnología hablaremos en detalle en el capítulo cuarto, dado que es la misma que se utiliza en determinadas pilas de combustible (ya hemos comentado en el capítulo primero que las reacciones que tienen lugar en una pila de combustible son las inversas de las que ocurren en un electrolizador). Por último, existe otro tipo de electrolizadores en los que la electrólisis se realiza con vapor de agua a 700-1000ºC, ya que el coste de la electrólisis a estas temperaturas disminuye en un 30-40% respecto a la electrólisis convencional (la energía eléctrica es más costosa que la energía térmica). En estos electrolizadores se usan potenciales de tan solo 0,95-1,33 V y el electrolito es un óxido cerámico basado en óxido de zirconio e itrio con una buena capacidad para conducir los iones O^{2-} producidos en el cátodo hacia el ánodo:

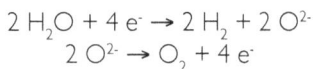

$$2 H_2O + 4 e^- \rightarrow 2 H_2 + 2 O^{2-}$$
$$2 O^{2-} \rightarrow O_2 + 4 e^-$$

A PARTIR DEL SOL

La Tierra recibe una gran cantidad de energía del Sol. En tan sólo una hora recibimos aproximadamente la misma energía del Sol (300 W/m^2 por término medio) que toda la energía que consumimos en todo el planeta en un año. Paradójicamente, menos del 0,1% de la electricidad se obtiene a partir de energía solar. Sin duda, y frente a estos números, uno de los retos más grandes de la ciencia y la tecnología del siglo XXI es encontrar maneras de aprovechar mucho más la energía que nos llega gratuita y constantemente del Sol.

Energía solar visible y ultravioleta

Existen varios métodos para producir hidrógeno a partir del Sol según se utilice su radiación en una zona del espectro u otra. Una manera de producir hidrógeno es mediante la electrólisis del agua, en la que la energía eléctrica procede de placas fotovoltaicas. A todos los efectos es equivalente a la generación de hidrógeno mediante electrólisis en parques eólicos que hemos discutido en el apartado anterior (o mediante otras energías renovables como la geotérmica, hidroeléctrica, movimiento del mar, etc.). De manera análoga a lo que ocurre con la energía eólica, el almacenamiento de energía en forma de hidrógeno a través de la electrólisis del agua es una herramienta muy útil para contrarrestar los inconvenientes del régimen oscilante en la producción de electricidad en los paneles fotovoltaicos. La eficiencia del proceso, no obstante, es baja debido a la poca eficiencia de los paneles fotovoltaicos en la generación de electricidad. La primera planta de hidrógeno solar se inauguró en el año 1995 en El Segundo, California (EE.UU.), y a partir de entonces se han instalado muchas más en todo el mundo.

Existe otra manera de utilizar el Sol para producir hidrógeno a través de la rotura del agua mediante radiación solar en la zonas visible y ultravioleta del espectro. Es la fotólisis. Ya hemos visto que desde el punto de vista termodinámico la rotura de la molécula de agua es muy difícil porque se requieren 237,2 KJ/mol. Esto obliga a utilizar *fotocatalizadores*, por ejemplo, óxido de titanio, TiO_2, u óxido de tungsteno, WO_3:

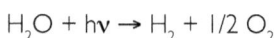

$$H_2O + h\nu \rightarrow H_2 + 1/2\ O_2$$

Los fotones solares inciden sobre el fotocatalizador, en el que, debido a su comportamiento semiconductor, se originan electrones y huecos positivos, los cuales a su vez participan en las reacciones de reducción y oxidación que provocan la rotura de la molécula de agua. El salto de energía entre la banda de valencia y la banda de conducción del TiO_2, por ejemplo, es de 3,2 eV, de modo que únicamente los fotones ultravioletas son capaces de llevar a cabo el proceso. Lo que ocurre es que los fotones ultravioletas apenas representan el 4% de la radiación solar, mientras que la luz visible representa el 50%. Por este motivo se está intentando desarrollar fotocatalizadores capaces de operar en el rango visible del espectro solar. Las estrategias consisten en recubrir a los fotocatalizadores existentes con una fina capa de otro semiconductor capaz de transferir los electrones generados por la luz visible al óxido subyacente con mayor facilidad, o en el dopado de otros óxidos. Algunos ejemplos son el CdS, ZnO, NiO, RuO_2, Cr_2O_3 y TiO_2 dopados con metales nobles como Ru, Pt y Rh. Por su parte, algunos microorganismos son capaces de realizar el mismo proceso de manera natural, la *biofotólisis*. Por último, también se está investigando en el diseño de plantas alteradas geneticamente para obtener hidrógeno y oxígeno directamente a partir de la luz solar y agua. Para ello se pretende que en la planta tenga lugar de manera simultánea la fotosíntesis, mediante la cual se produce oxígeno, protones y electrones, y la actuación de la enzima hidrogenasa, capaz de generar hidrógeno a partir de los protones y electrones.

2.11/ Concentrador solar de Odeillo (Francia). Tiene una potencia térmica de 1 MW. Los espejos orientables situados en tierra recogen los rayos solares y los transmiten al espejo parabólico del edificio principal, que a su vez los concentra hacia el horno, de tan solo 40 cm de diámetro, dispuesto en lo alto del edificio. La energía solar se concentra así unas diez mil veces.

Energía solar térmica

Otra manera de producir hidrógeno a partir de la radiación solar es mediante la rotura de la molécula de agua por termólisis, es decir, por efecto directo del calor. A partir de datos termodinámicos, se puede calcular que, a presión atmosférica, alrededor del 36% de los enlaces del agua se rompen a 2700°C. Estas temperaturas tan elevadas sólo pueden conseguirse con concentradores solares (hornos solares) equipados con celdas de materiales altamente refractarios como el grafito u óxido de circonio. En definitiva, lo que hace el concentrador solar es recoger la radiación solar en una gran superficie y concentrarla en un pequeño volumen mediante métodos ópticos. A la salida del horno, el hidrógeno y el oxígeno producidos deben separarse inmediatamente para evitar la formación de mezclas explosivas. Esto se consigue normalmente con membranas metálicas. Este método de obtención de hidrógeno es limpio y sencillo, pero las condiciones de trabajo hacen que, hoy por hoy, no sea factible.

A PARTIR DE ENERGÍA NUCLEAR. CICLOS TERMOQUÍMICOS

En las centrales nucleares se genera, además de electricidad, cantidades importantes de calor que pueden usarse para realizar la electrólisis del agua a alta temperatura o para desarrollar «ciclos termoquímicos» para la producción de hidrógeno. En los ciclos termoquímicos se enlazan distintas reacciones químicas, de modo que sea posible realizar la descomposición del agua a hidrógeno y oxígeno, pero a temperaturas mucho más bajas que la de la termólisis directa del agua. El ciclo más simple consiste en dos reacciones enlazadas. Por ejemplo, se puede reducir un óxido inorgánico mediante calor, y luego regenerarlo mediante oxidación con agua para producir hidrógeno:

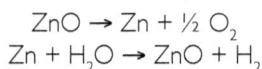

$$ZnO \rightarrow Zn + \frac{1}{2} O_2$$
$$Zn + H_2O \rightarrow ZnO + H_2$$

La primera de estas reacciones tiene lugar a unos 2000°C, mientras que la segunda ocurre a unos 425°C. La temperatura de la primera reacción es todavía elevada (la temperatura de los reactores nucleares es inferior a los 1200°C), pero 700°C menos que la termólisis directa del agua. Otros ciclos termoquímicos similares contemplan pares redox como Fe_3O_4/FeO, Co_3O_4/CoO, Mn_2O_3/MnO, TiO_2/TiO_x y $ZnFe_2O_4/ZnFe_3O_4$. Otra ventaja importante de los ciclos termoquímicos es que el hidrógeno y el oxígeno se generan en reacciones distintas, de modo que no hay problemas para su separación, como ocurría en la termólisis directa del agua en hornos solares.

Para rebajar aún más la temperatura de trabajo, se requieren ciclos con más de dos reacciones enlazadas. Se han diseñado más de doscientos cincuenta ciclos termoquímicos distintos con la finalidad de obtener hidrógeno, bien sea en centrales nucleares o mediante concentradores solares. Algunos de los más prometedores son los ciclos azufre-yodo, el ciclo UT-3 y el ciclo cobre-cloro. El ciclo azufre-yodo fue desarrollado en la década de los años setenta, cuando la crisis del petróleo estimuló la investigación en el hidrógeno como agente energético. Las reacciones involucradas son:

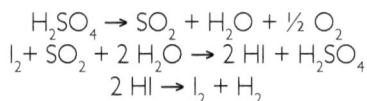

$$H_2SO_4 \rightarrow SO_2 + H_2O + \frac{1}{2} O_2$$
$$I_2 + SO_2 + 2 H_2O \rightarrow 2 HI + H_2SO_4$$
$$2 HI \rightarrow I_2 + H_2$$

Cada una de las reacciones se lleva a cabo en un compartimento distinto. La primera de las reacciones, la descomposición del ácido sulfúrico es una reacción endotérmica que tiene lugar a 850°C, una temperatura ideal para aprovechar el calor generado en centrales nucleares.

El segundo paso del ciclo es una reacción exotérmica conocida como «reacción de Bunsen» en la que a 120°C se regenera el ácido sulfúrico y se forma ioduro de hidrógeno a partir de yodo y óxido de azufre en presencia de agua. Estos dos productos se separan gracias a la formación de dos fases líquidas en exceso de yodo y agua. Finalmente, el yodo se regenera a partir de la descomposición del ioduro de hidrógeno a 450°C y se produce el hidrógeno. La reacción global es la descomposición del agua en hidrógeno y oxígeno, pero con la particularidad ¡de que se consigue realizar a una temperatura de 850°C en lugar de 2700°C! El rendimiento conseguido experimentalmente es del 42 al 57%. Un inconveniente de este ciclo es que la descomposición del ácido sulfúrico y el ioduro de hidrógeno provoca un ambiente químico muy corrosivo y hacen falta materiales especiales en las cámaras de reacción. Asimismo, la separación del hidrógeno del HI en la etapa final no es sencilla, y para que no se forme SO_3 en la primera etapa, se requieren temperaturas de reacción algo mayores, del orden de 1100°C. Una variante del ciclo consiste en sustituir la segunda y tercera etapas por un proceso electrolítico mediante el cual se consigue la generación de hidrógeno a partir de la reacción directa entre el óxido de azufre y agua en la que se regenera el ácido sulfúrico, es el llamado *ciclo híbrido Westinghouse*:

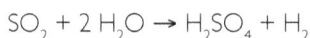

$$SO_2 + 2\ H_2O \rightarrow H_2SO_4 + H_2$$

El ciclo UT-3 fue desarrollado en la Universidad de Tokio (por eso se le denomina con las siglas UT) en la misma época que el ciclo de azufre-yodo. El ciclo consiste en cuatro reacciones entrelazadas:

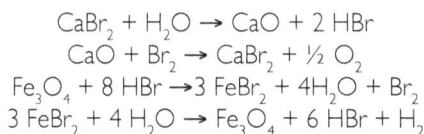

$$CaBr_2 + H_2O \rightarrow CaO + 2\ HBr$$
$$CaO + Br_2 \rightarrow CaBr_2 + \tfrac{1}{2}\ O_2$$
$$Fe_3O_4 + 8\ HBr \rightarrow 3\ FeBr_2 + 4H_2O + Br_2$$
$$3\ FeBr_2 + 4\ H_2O \rightarrow Fe_3O_4 + 6\ HBr + H_2$$

La primera reacción, en la que el bromuro de calcio se hidroliza a óxido de calcio y bromuro de hidrógeno, tiene lugar a 760°C. La segunda reacción contempla la oxidación del óxido de calcio con bromo para regenerar el bromuro de calcio requerido en el primera etapa y oxígeno y tiene lugar a 572°C. En la tercera reacción se hace reaccionar el bromuro de hidrógeno con óxido de hierro a 220°C y se regenera el bromo. El bromuro de hierro resultante se hidroliza en la cuarta etapa a 560°C y se regenera el óxido de hierro y el bromuro de hidrógeno al mismo tiempo que se libera hidrógeno. El ciclo se lleva a cabo en cuatro reactores distintos pero emparejados dos a dos (la primera con la segunda reacción, y la tercera reacción con la cuarta), de modo que al final de cada ciclo las funciones de los reactores emparejados se intercambian. Por ejemplo, al final del ciclo el reactor donde ha tenido lugar la segunda etapa está repleto de óxido de calcio sólido (el HBr no está presente al ser un gas) y sirve como reactor donde tendrá lugar la primera etapa. Del mismo modo el segundo reactor estará lleno de $CaBr_2$ al final del ciclo (el oxígeno gas se habrá ido) y servirá como punto de partida para la primera reacción del ciclo. Lo mismo aplica en los reactores donde habrán tenido lugar las reacciones tercera y cuarta. El ciclo UT-3, con rendimientos del 49-53%, es uno de los más atractivos en este momento para ser comercializado.

Finalmente, el ciclo cobre-cloro trabaja aún a temperaturas más bajas. El ciclo consta de cuatro etapas:

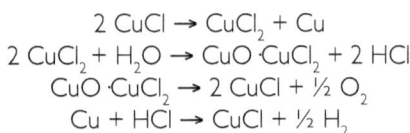

$$2\ CuCl \rightarrow CuCl_2 + Cu$$
$$2\ CuCl_2 + H_2O \rightarrow CuO\ ·CuCl_2 + 2\ HCl$$
$$CuO\ ·CuCl_2 \rightarrow 2\ CuCl + \tfrac{1}{2}\ O_2$$
$$Cu + HCl \rightarrow CuCl + \tfrac{1}{2}\ H_2$$

2.12/ Comparación del coste de los principales métodos para obtener hidrógeno y de su impacto en la atmósfera. Los métodos más económicos para fabricar hidrógeno están relacionados con el reformado de combustibles fósiles, que a su vez son los que más contaminan. En cambio, la electrólisis del agua mediante energías renovables constituye uno de los métodos más limpios para obtener hidrógeno, aunque también es el más caro. El reformado de la biomasa y los ciclos termoquímicos aparecen en una posición intermedia, tanto por su coste como por su impacto en la atmósfera.

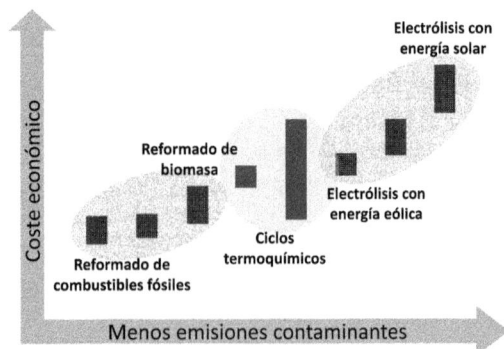

Las temperaturas de cada etapa son de tan solo 100, 300, 450 y 425°C, respectivamente, y el rendimiento global del ciclo es del 49%. Un aspecto particularmente interesante de este ciclo es que puede utilizarse en reactores nucleares de baja temperatura.

OTROS MÉTODOS

Existen bacterias fotoheterótrofas, como el *Rhodospirillum rubrum*, que sobreviven en la oscuridad gracias a la reacción de desplazamiento de gas de agua. Estas bacterias generan energía mediante la oxidación de monóxido de carbono y reducción de H^+ a H_2. Bajo condiciones anaerobias, el CO induce la síntesis de la CO-deshidrogenasa y los electrones generados por la oxidación del CO son transferidos mediante proteínas Fe-S a las hidrogenasas para la generación de hidrógeno. Otras bacterias fotosintéticas, como el *Rhodobacter spaeroides*, son capaces de fabricar hidrógeno a partir de la fotofermentación de residuos orgánicos. Pero quizás el proceso más interesante es la fermentación en ausencia de luz de substratos ricos en azúcares por medio de bacterias anaerobias y algas verdes. De este modo, por ejemplo, la glucosa y sucrosa presentes en las aguas de deshecho de las refinerías de azúcar se pueden fermentar para producir hidrógeno:

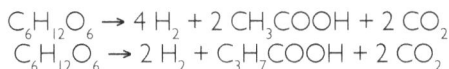

$$C_6H_{12}O_6 \rightarrow 4\ H_2 + 2\ CH_3COOH + 2\ CO_2$$
$$C_6H_{12}O_6 \rightarrow 2\ H_2 + C_3H_7COOH + 2\ CO_2$$

Los métodos biológicos actuales de producción de *biohidrógeno* son muy poco eficientes, alrededor del 7%, pero en cambio su coste es bajo. Existen otros métodos de producción de hidrógeno, como la plasmólisis del agua (rotura del agua mediante descargas eléctricas), la radiólisis (descomposición del agua mediante radioactividad), o incluso el uso de insectos como las termitas, las cuales liberan hidrógeno cuando asimilan lignocelulosa (madera, etc.) y se comportan así como auténticos «bioreactores». Otro campo activo de investigación actual consiste en la preparación de catalizadores *biomiméticos*, que intentan imitar los procesos naturales en plantas y microorganismos tratando de reproducir los centros catalíticos activos en los sistemas naturales. Todos estos métodos, aunque son muy atractivos, tienen de momento rendimientos bajos.

SEPARACIÓN Y PURIFICACIÓN DEL HIDRÓGENO

El hidrógeno que se obtiene por electrólisis, descomposición directa del agua y ciclos termoquímicos tiene una pureza muy elevada y generalmente no requiere de etapas costosas de separación y/o purificación. Pero en los procesos catalíticos que hemos descrito (reformado y oxidación parcial de hidrocarburos fósiles y biomasa, etc.), el hidrógeno que se obtiene está mezclado con otros gases, por lo que a menudo resultan necesarias etapas adicionales de separación y purificación antes de poder utilizar el hidrógeno obtenido para fines energéticos. Un caso especialmente delicado se da en algunos tipos de pilas de combustible con electrodos equipados con metales nobles como catalizadores (esencialmente platino), tal y como veremos en el capítulo cuarto. Debido al fuerte enlace químico que se establece entre las partículas de platino y el monóxido de carbono, los electrodos de estas pilas dejan de funcionar (se envenenan) rápidamente en presencia de CO. Por este motivo, el hidrógeno que se utiliza para alimentar estas pilas de combustible no puede contener más de una sola molécula de CO por cada cien mil moléculas de hidrógeno (10 ppm).

Existen dos estrategias para obtener hidrógeno de alta pureza. Una de ellas consiste en la separación exhaustiva del hidrógeno del resto de moléculas presentes. La otra estrategia hace uso de diversas reacciones químicas en presencia de catalizadores para eliminar de manera selectiva las impurezas, en función del camino seguido para obtener el hidrógeno y del uso final que se desea se utiliza un método u otro, e incluso una combinación de ambos.

Purificación catalítica de hidrógeno

En los procesos de generación de hidrógeno a partir de hidrocarburos fósiles y de biomasa se obtienen mezclas que, además del hidrógeno, suelen contener cantidades importantes de CO, CO_2, CH_4 y otras especies con enlaces C-C más pesadas. Esto se debe a que el material de partida, además de átomos de hidrógeno, también contiene átomos de carbono. El catalizador que se utiliza y la termodinámica dictan las proporciones relativas de estas especies que contienen carbono, que vienen determinadas por las condiciones del proceso, sobre todo por la temperatura. Normalmente se intentan aplicar procesos de purificación mediante los cuales se obtenga más hidrógeno, como por ejemplo la transformación del monóxido de carbono a hidrógeno y CO_2 mediante la reacción de desplazamiento de gas de agua a baja temperatura, y el reformado de metano a alta temperatura. Con esto se consigue de manera simultánea un mayor rendimiento global de hidrógeno y disminuir el contenido de estos gases que se desean eliminar. Pero, de nuevo, estos procesos están sujetos al catalizador utilizado y a la termodinámica, de manera que la eliminación de CO y CH_4, entre otros, nunca es completa y se requieren etapas de purificación o separación adicionales.

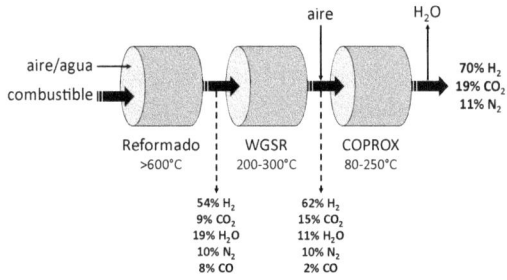

La eliminación total del metano y del monóxido de carbono se consigue mediante reacciones catalíticas de oxidación selectiva con oxígeno. Para ello es importante escoger un buen catalizador, sobre todo para evitar que el oxígeno reaccione con el hidrógeno para originar agua, lo que supondría una disminución no deseada de hidrógeno:

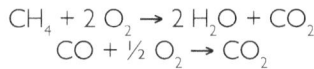

$$CH_4 + 2\, O_2 \rightarrow 2\, H_2O + CO_2$$
$$CO + \tfrac{1}{2}\, O_2 \rightarrow CO_2$$

La oxidación selectiva del metano se puede conseguir con catalizadores que contienen nanopartículas de paladio dispersadas sobre un soporte de alúmina. La oxidación selectiva del monóxido de carbono

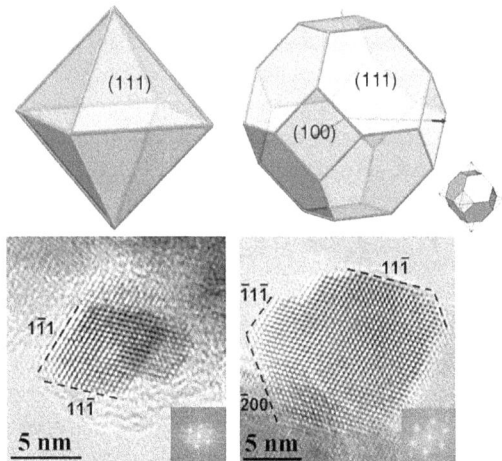

tiene lugar, por ejemplo, sobre óxidos inorgánicos con propiedades redox, es decir, óxidos de metales que pueden presentar varios estados de oxidación con relativa facilidad. Tales son, por ejemplo, el óxido de estaño y el óxido de cerio. Si a estos óxidos se les añaden pequeñas cantidades de otros metales en forma de nanopartículas (platino, rodio…), los catalizadores resultarán aún más activos y selectivos en la oxidación de CO.

Separación de hidrógeno

Para la separación del hidrógeno en una mezcla de gases se utilizan esencialmente tres métodos, que se basan en: la adsorción por cambio de presión, el uso de membranas o la separación criogénica. El método de separación mediante adsorción por cambio de presión se fundamenta en la capacidad de determinados adsorbentes para capturar las impurezas. El proceso consiste en ciclos de dos etapas, una primera a alta presión (de 15 a 30 veces la presión atmosférica), en la que las impurezas son retenidas por el adsorbente, seguida de una segunda a presión ordinaria en la que las impurezas se desorben. A diferencia de las impurezas, el hidrógeno apenas queda retenido por el adsorbente y de esta manera se consigue la separación tras varios ciclos. La capacidad o intensidad de la adsorción sigue la secuencia aproximada:

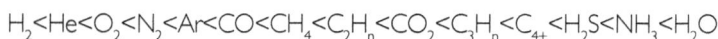

$$H_2 < He < O_2 < N_2 < Ar < CO < CH_4 < C_2H_n < CO_2 < C_3H_n < C_{4+} < H_2S < NH_3 < H_2O$$

Una ventaja importante de este método es que cuantos más ciclos se realizan (normalmente en varias unidades de separación dispuestas en serie) mayor es la pureza del hidrógeno obtenido, de modo que el proceso se puede adaptar con facilidad a las características finales del hidrógeno deseadas. Así, es fácil obtener hidrógeno con una pureza de entre el 99 y el 99,999% en volumen, y tan solo con 1-10 ppm de CO.

Otro modo de separación se basa en el uso de membranas. El método consiste en separar las moléculas presentes en la mezcla en función de su capacidad de atravesar una membrana. En general, para el hidrógeno se utilizan dos tipos de membranas, las membranas poliméricas y las membranas metálicas. El mecanismo por el que tiene lugar la separación es distinto, pero en ambos casos la separación se consigue por una difusión selectiva del hidrógeno en el seno de la membrana y por una diferencia de presión en ambos lados de la misma. La cantidad de hidrógeno recuperado con membranas es superior a la cantidad recuperada por adsorción por cambio de presión; por contra, las membranas son dispositivos más caros y delicados que las unidades de adsorción. Las membra-

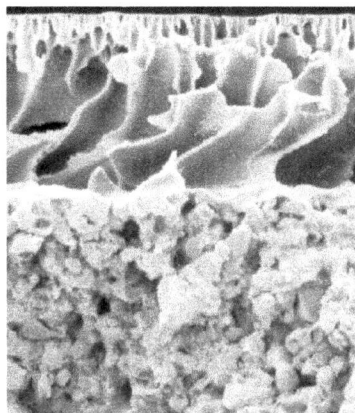

2.15/ Fotografía obtenida con un microscopio electrónico de barrido de una sección de una membrana polimérica (derivada de la imidazola) soportada sobre óxido de circonio y un substrato metálico poroso para facilitar su manipulación (Los Alamos National Laboratory).

} polímero

} ZrO$_2$

} soporte metálico

nas se fabrican en forma de láminas o tubos huecos y, en el caso de las membranas poliméricas, lo más frecuente es unirlas a un substrato poroso para su manipulación y montaje. En cualquier caso, el grosor de las membranas suele ser de tan solo unas pocas milésimas de milímetro.

Las membranas metálicas hacen uso de la capacidad de adsorción de hidrógeno por parte de algunos metales, especialmente el paladio (Pd), frente a los otros gases. El resultado es que únicamente el hidrógeno es capaz de atravesar la membrana al aplicar un gradiente de presión, con lo que fácilmente se consigue hidrógeno de pureza muy elevada (>99,9999%). Con el tiempo, las membranas de paladio sufren transformaciones estructurales y acaban agrietándose (este tipo de membranas requieren temperaturas del orden de 300°C y varios bares de presión para un transporte correcto del hidrógeno). Para solventar el problema, en los últimos años se han desarrollado membranas con aleaciones de paladio y otros metales, como por ejemplo, plata o cobre, mucho más robustas desde el punto de vista mecánico y más estables desde el punto de vista químico.

La tercera alternativa para la separación del hidrógeno se basa en métodos criogénicos, en los

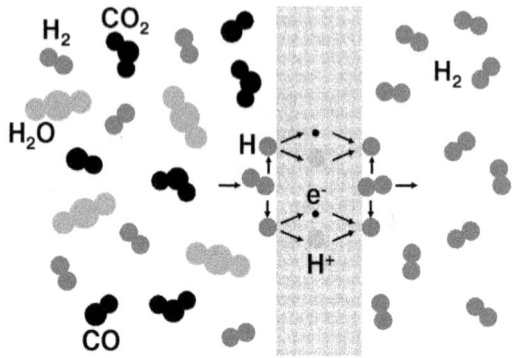

2.16/ Esquema del funcionamiento de una membrana metálica de paladio. En contacto con el paladio, el hidrógeno molecular (H_2) se disocia en átomos de hidrógeno (H), los cuales pierden su electrón y atraviesan la membrana como protones (H^+) al aplicar una diferencia de presión. Al otro lado de la membrana, los protones y electrones se recombinan de nuevo para originar átomos de hidrógeno que, a su vez, vuelven a recombinarse para dar hidrógeno molecular.

que la separación tiene lugar gracias a las diferentes temperaturas de ebullición entre el hidrógeno y el resto de gases. La versión más simple de la separación criogénica consiste en enfriar la mezcla de hidrógeno e impurezas a temperaturas lo suficientemente bajas como para condensar las impurezas mientras el hidrógeno permanece en estado gaseoso (el hidrógeno no condensa hasta una temperatura de -252,8°C). Como es fácil imaginar, este método de separación es muy efectivo, pero como aspecto negativo destaca el coste elevado asociado al enfriamiento de la mezcla.

2.17/ El hidrógeno, debido a su punto de ebullición tan bajo, puede separarse fácilmente de una mezcla de gases. Al disminuir la temperatura de la mezcla, únicamente el hidrógeno permanece en estado gaseoso, mientras que el resto de gases se condensan.

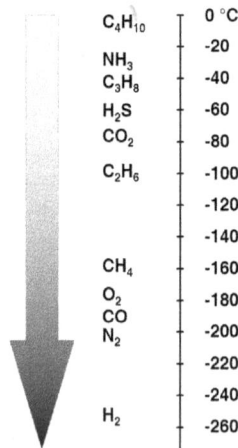

C_4H_{10}	0 °C
NH_3	-20
C_3H_8	-40
H_2S	-60
CO_2	-80
C_2H_6	-100
	-120
	-140
CH_4	-160
O_2	-180
CO	
N_2	-200
	-220
	-240
H_2	-260

3

¿SE PUEDE ALMACENAR Y TRANSPORTAR EL HIDRÓGENO?

El hidrógeno es un vector energético y, como tal, es un portador de energía entre puntos distintos. De manera análoga a la electricidad, que se transporta generalmente mediante cables de alta tensión desde las centrales donde se obtiene (central hidroeléctrica, central nuclear, central térmica, etc.) hasta los puntos de distribución y desde éstos a los puntos de consumo, el hidrógeno también debe poder transportarse de manera fácil desde las plantas de generación hasta los puntos de consumo. La diferencia entre la electricidad y el hidrógeno estriba, no obstante, en que en el transporte de la electricidad hay una pérdida inherente de energía en los cables por donde ésta circula (alrededor del 10-15%) y, sobre todo, en que la electricidad no se puede almacenar a gran escala, de modo que debe existir un control permanente entre la oferta y la demanda para

3.1/ El hidrógeno es el mejor vector energético para almacenar y transportar energía.

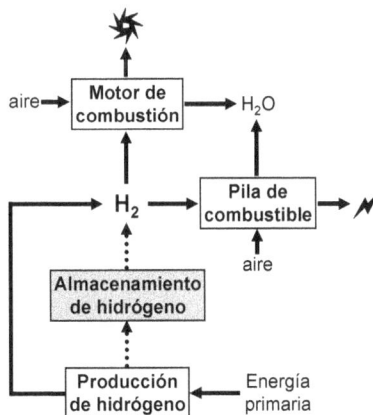

que no haya un colapso del sistema eléctrico. El hidrógeno, en cambio, tiene la gran ventaja de que, siendo un vector energético, también se puede almacenar. En efecto, al tratarse de una sustancia química, el hidrógeno puede ser producido en un punto y consumirse en otro sin «fecha de caducidad».

El almacenamiento de hidrógeno a gran escala se puede realizar en depósitos subterráneos o en tanques a alta presión, lo que constituye una práctica común en la industria. En cambio, el almacenamiento de hidrógeno a pequeña escala es un problema aún no resuelto y, a la vez, un aspecto fundamental para el uso del hidrógeno en la vida cotidiana y, en particular, en aplicaciones móviles y portátiles. Por ejemplo, un coche necesita unos 24 kg de gasolina (~35 litros) para recorrer 400 km, mientras que un coche eléctrico propulsado por una pila de combustible requiere solamente 4 kg de hidrógeno para el mismo recorrido. ¡Pero 4 kg de hidrógeno a presión y temperatura ambiente ocupan un volumen de 44000 litros! Resulta evidente que, al tratarse de un gas muy poco denso, el almacenamiento y transporte del hidrógeno en este tipo de aplicaciones no resulta viable si no se comprime o licua. Otra manera de almacenar y transportar hidrógeno con el menor peso y volumen posible consiste en adsorberlo o enlazarlo a un portador adecuado. Alternativamente, también existe la posibilidad de sustituir el almacenamiento del hidrógeno por un sistema de generación «a bordo».

¿ES PELIGROSO EL HIDRÓGENO?

Un aspecto muy importante al tratar al hidrógeno como un vector energético más es la seguridad en su manipulación y almacenamiento. En el primer capítulo del libro hablamos del incendio del dirigible Hindenburg en 1937 y las consecuencias negativas que éste acarreó en el uso del hidrógeno para el transporte. De manera más reciente, la explosión del transbordador espacial Challenger durante el despegue del 28 de enero de 1986 también guarda relación con el hidrógeno, puesto que un fallo en el sistema de propulsión ocasionó la explosión del tanque de hidrógeno líquido adyacente al transbordador. Y es que el hidrógeno es un gas inflamable y, como tal, peligroso. Ahora bien, todos los combustibles también son, en mayor o menor medida, peligrosos. Por lo tanto, no se trata sólo de discutir si un combustible es peligroso o no, sino determinar su grado de peligrosidad. Para ello resulta ilustrativo comparar el comportamiento del hidrógeno con los combustibles que utilizamos de manera habitual hoy en día, por ejemplo la gasolina y el gas natural.

Un parámetro interesante a considerar es el grado de inflamabilidad, es decir, la concentración mínima a partir de la cual un combustible prende en el aire. Pues bien, el grado de inflamabilidad del hidrógeno es del 4,1% (en volumen), mientras que el del gas natural y la gasolina son 5,3 y 1%, respectivamente. Es decir, que un recipiente que contenga un 1% de gasolina ya es inflamable, mientras que uno con la misma cantidad de hidrógeno o gas natural no lo es. En cambio, el rango de inflamabilidad del hidrógeno es considerablemente más amplio (4-75%) que el de la gasolina (1-8%) y gas natural (5-15%). En cuanto al grado de explosividad (concentración mínima a partir de la cual una mezcla de combustible y aire es explosiva), el del hidrógeno es del 13%, mientras que el del gas natural es 6,3% y el de la gasolina es tan solo del 1,1%. Por otro lado, la energía de explosión del hidrógeno es de unos 2 kilotones (kT) por metro cúbico, mucho menor que la energía de explosión del gas natural (7 kT/m^3) y de la gasolina (44 kT/m^3). Claramente, los riesgos de explosión de un depósito de gasolina o de gas natural son mucho mayores que el de un depósito de hidrógeno. Pero es que, además, la difusión del hidrógeno en el aire en el caso de producirse una fuga es mucho mayor (0,61 cm^2 por segundo) que la difusión de la gasolina (tan solo 0,05 cm^2/s) o del gas natural (0,16 cm^2/s), de modo que el riesgo de acumulación de hidrógeno en una fuga en espacios abiertos es mucho menor que el de la gasolina y del gas natural.

Otra diferencia destacable es la velocidad de ignición, es decir, la velocidad a la que progresa una llama de un combustible. La velocidad del ignición de una llama de hidrógeno es extremadamente elevada (2,7 metros por segundo) comparada con la velocidad de ignición de una llama de gasolina o de gas natural (0,4 m/s). Esto significa que un incendio provocado por hidrógeno es mucho más rápido que un incendio provocado por gasolina. En contra de lo que podría parecer, un incendio rápido de un combustible es preferible a un incendio lento, puesto que en un incendio lento la temperatura de los elementos circundantes (depósito, etc.) tiene tiempo de aumentar mucho y agravar el incendio, mientras que si el incendio es rápido la temperatura del medio es mucho menor. En este sentido se han estudiado incendios en coches equipados con depósitos de hidrógeno y de gasolina y se ha corroborado que en el caso del incendio en el coche con depósito de gasolina el vehículo resulta calcinado (tal y como hemos visto en televisión que ocurre en alborotos callejeros), mientras que en el incendio del coche equipado con depósito de hidrógeno esto no ocurre. Ahora bien, por el mismo motivo, la explosión de un depósito de hidrógeno en espacios cerrados puede ser peor que la de un depósito de gasolina o gas natural si no se toman las medidas adecuadas, ya que la energía de ignición del hidrógeno es de tan solo 0,02 mJ comparada con los 0,24 mJ y 0,29 mJ de la gasolina y del gas natural, respectivamente. Finalmente, la temperatura de autoignición de la gasolina (unos 240°C) es mucho menor que la del hidrógeno (520°C).

En resumen, el uso del hidrógeno no representa una peligrosidad mayor que el de la gasolina o el gas natural. ¿Acaso no es cierto que no pensamos en lo peligrosa que es la gasolina cuando llenamos el depósito del coche o el de la motocicleta? ¿O en lo peligroso del gas natural cuando encendemos el gas en la cocina? Pues el uso del hidrógeno es aún más seguro.

TRANSPORTE POR TUBERÍA

La manera más directa de transportar hidrógeno entre dos puntos cercanos es en forma gaseosa mediante conducciones o tuberías. Debido a su baja densidad, la velocidad de bombeo del hidrógeno en las tuberías puede ser el triple con respecto al gas natural. Este método se utiliza de manera habitual para transferir hidrógeno dentro de una fábrica o entre fábricas cercanas. Entre Francia, Alemania y Bélgica, por ejemplo, existe una red de transporte de hidrógeno gaseoso a presión mediante conducciones que suman más de 1000 km de longitud. Se trata de un método útil debido a su simplicidad, pero no exento de problemas. El hidrógeno tiende a difundirse en el propio material del que están hechas las tuberías debido a su pequeño tamaño y a la facilidad de formación de hidruros metálicos, lo que provoca la formación de poros y grietas microscópicas y se originan fugas. Además resulta necesario insertar estaciones de bombeo para compensar la pérdida de carga en conexiones largas.

COMPRESIÓN Y LICUEFACCIÓN

Debido a su baja densidad, la manera más directa de almacenar hidrógeno es mediante compresión o licuefacción. De esta manera se puede confinar una mayor cantidad de hidrógeno en el mismo volumen, o dicho de otro modo, es posible almacenar una mayor cantidad de energía en ese volumen. Por ejemplo, en un depósito con hidrógeno almacenado a una presión unas doscientas veces superior a la atmosférica (200 bar), se puede almacenar 240 veces más energía que en el mismo depósito con hidrógeno a presión atmosférica. Y si el depósito se encuentra con hidrógeno a 700 bar, la cantidad de energía almacenada es unas 490 veces superior. En la actualidad, el hidrógeno comprimido y el hidrógeno licuado constituyen las tecnologías más desarrolladas para el almacenamiento y transporte de hidrógeno, y ya se utilizan en la mayoría de los vehículos de demostración de muchos fabricantes de automóviles. ¿Cuál es el precio de comprimir el hidrógeno? Básicamente hay dos aspectos importantes. Por un lado, es preciso desarrollar depósitos adecuados para contener hidrógeno a estas presiones elevadas. Por otro lado, la energía invertida en la compresión es energía esencialmente perdida. Es decir, la energía que se requiere para la compresión o licuefacción del hidrógeno no se recupera después en la combustión o transformación del hidrógeno en una pila de combustible.

Inicialmente, los depósitos para almacenar y transportar hidrógeno comprimido estaban hechos básicamente de acero o aleaciones de aluminio. Con ellos se podía almacenar el hidrógeno con una capacidad de entre 175 y 200 barL/kg (la medida de *presión x volumen/masa* sirve para comparar la eficacia de almacenamiento de los depósitos). En la actualidad se han desarrollado otros contenedores basados en materiales compuestos con fibra de vidrio, carbón y polímeros que alcanzan valores de almacenamiento de entre 300 y 660 barL/kg.

El hidrógeno se suele comprimir con compresores convencionales de pistón equipados con juntas de grafito. La energía requerida para la compresión del hidrógeno depende de la presión final deseada y del camino escogido para la compresión. Aproximadamente se requiere alrededor de 15 MJ para comprimir un kilogramo de hidrógeno desde presión atmosférica a 200 bar, y unos 20 MJ para alcanzar los 700 bar. Esto representa entre el 12 y el 16%, respectivamente, de la energía teórica contenida en esta misma cantidad de hidrógeno. La energía teórica se refiere al máximo permitido por la termodinámica, sin considerar pérdidas de transmisión ni rendimientos de conversión posteriores, por lo que, en la

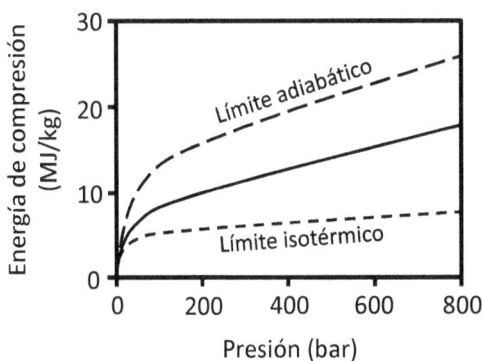

3.2/ La energía requerida para la compresión del hidrógeno está comprendida entre los límites teóricos termodinámicos de una compresión isotérmica y una adiabática. En la práctica, se utilizan compresores de varias etapas y los valores se sitúan en una zona intermedia.

práctica, la compresión puede llegar a representar valores mucho mayores del contenido energético del hidrógeno almacenado, entre el 30 y 40%.

Una tecnología alternativa al almacenamiento de hidrógeno comprimido en depósitos convencionales, que son pesados (los depósitos representan más del 80% de la masa total del sistema), consiste en el uso de microesferas de vidrio. Las microesferas de vidrio son esferas de vidrio huecas de apenas medio milímetro de diámetro y paredes de unas pocas micras (milésimas de milímetro) de grosor. Al calentarse, los poros de las paredes de vidrio se hacen más grandes por efecto de la dilatación, de manera que el hidrógeno presurizado puede entrar en su interior. Al enfriarse, los poros se cierran y el hidrógeno queda capturado en el interior de las microesferas, sin posibilidad de escaparse. Cuando se desea recuperar el hidrógeno basta con calentar de nuevo las microesferas para que los poros vuelvan a abrirse. Además de la ventaja que supone el menor peso de las microesferas de vidrio respecto a los depósitos convencionales, las microesferas tienen una resistencia mecánica muy elevada, alrededor de 30 kg/mm^2 (0.3 GPa), más de seis veces superior a la del acero. Por otro lado, el almacenamiento de hidrógeno en microesferas de vidrio es mucho más seguro que en depósitos convencionales, puesto que en cada microesfera se acumulan tan solo unos 0,00005 g de hidrógeno.

3.3/ El hidrógeno se puede almacenar bajo presión en el interior de microesferas de vidrio. Cuando las microesferas se calientan, el hidrógeno se difunde a través de los poros del vidrio. Al enfriarse, los poros se cierran y el hidrógeno se puede transportar dentro de las microesferas.

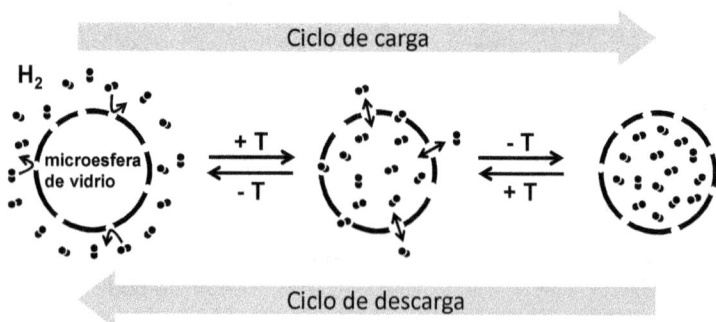

Ciclo de carga

H$_2$

microesfera de vidrio

+T
-T

-T
+T

Ciclo de descarga

El porcentaje en peso de hidrógeno que se puede almacenar con las microesferas de vidrio se sitúa entre el 17 y el 21%. El problema es que, a pesar de trabajar a presiones de varios centenares de bar, la difusión del hidrógeno a través de los poros del vidrio es lenta y se requieren varios días para rellenar/vaciar las microesferas con hidrógeno. Otro problema importante de las microesferas de vidrio es que no conducen bien el calor, de modo que la recuperación del hidrógeno de su interior en depósitos grandes es excesivamente lenta.

Más allá de la compresión del hidrógeno se encuentra la licuefacción, es decir, almacenar el hidrógeno en estado líquido. Es la manera más extrema de almacenar el hidrógeno en un depósito, aunque para ello se requieren temperaturas extremadamente bajas, -252,8°C. En este caso es posible almacenar unas 860 veces más energía que en un depósito con las mismas dimensiones pero con hidrógeno a presión atmosférica. El hidrógeno líquido es el combustible utilizado en el lanzamiento de transbordadores espaciales y en algunos aviones militares. Pero si la compresión de hidrógeno a presiones altas ya supone un reto tecnológico importante en cuanto a los materiales del depósito y las etapas de la compresión, la licuefacción del hidrógeno es todavía más difícil (James Dewar [1842-1923] lo consiguió por primera vez en 1898). Las plantas de licuefacción son complejas. Para licuar el hidrógeno primero hay que comprimirlo, luego enfriarlo con nitrógeno líquido para mantenerlo por debajo de 71 grados bajo cero, y finalmente realizar una expansión súbita para que la temperatura disminuya rápidamente y el hidrógeno se licue (expansión Joule-Thomson). El gas residual se recicla de nuevo al compresor. Por otro lado, los depósitos de hidrógeno líquido deben estar equipados con válvulas específicas de alivio por razones de seguridad (evitar sobrepresiones por evaporación), por las que hay una pérdida constante de hidrógeno, desde el 0,4% en tanques de 50000 litros hasta el 3% de la cantidad total por día en depósitos pequeños. A diferencia de las estaciones de compresión, que pueden tener dimensiones varias, las estaciones de licuefacción sólo tienen sentido cuando se licuan grandes cantidades de hidrógeno, del orden de, como mínimo, varias toneladas al día. Como es fácil imaginar, los requerimientos energéticos de la licuefacción del hidrógeno son mayores que en la compresión. Para licuar un kilogramo de hidrógeno se requieren más de 30 MJ. En la práctica esto puede significar que cerca de la mitad de la energía almacenada en un depósito de hidrógeno líquido se pierde (o invierte, según se quiera mirar) en la etapa de licuefacción. Por su parte, los depósitos de hidrógeno líquido están construidos generalmente por dos capas de acero separadas por un aislante formado por hojas de aluminio y fibra de vidrio en condiciones de vacío (10^{-6} mbar).

El almacenamiento del hidrógeno comprimido o en estado líquido permite su transporte masivo por métodos convencionales (transporte terrestre y marítimo). Asimismo es posible utilizar depósitos de hidrógeno líquido para la automoción, pero no hay que olvidar la cantidad importante de energía que hay que invertir en el proceso de licuefacción que, como ya hemos dicho, es energía que ya no se recupera. Por este motivo y porque el almacenamiento de hidrógeno puro siempre entraña riesgos, se están desarrollando métodos alternativos para el almacenamiento y transporte del hidrógeno. A continuación veremos los más importantes.

HIDRUROS METÁLICOS

Una de las maneras más seguras de almacenar hidrógeno es mediante la formación de hidruros metálicos. Desde hace mucho tiempo se sabe que determinados metales son capaces de retener grandes cantidades de hidrógeno en su estructura de manera reversible, como el paladio, platino y rutenio. En 1866, Thomas Graham (1805-1869) se dio cuenta de que una lámina de paladio era capaz de retener hidrógeno cuando se enfriaba desde 245°C a temperatura ambiente en presencia de hidrógeno. En contacto con el metal, la molécula diatómica de hidrógeno, H_2, se disocia y se forma un hidruro PdH_x (adsorción química, o *quimisorción*):

$$Pd + x/2 \; H_2 \rightarrow PdH_x$$

La idea, entonces, es confinar el metal en un depósito y a través de una válvula introducir el hidrógeno a presión de manera que se forme el hidruro del metal. Por sorprendente que pueda parecer, con este método se puede almacenar más hidrógeno por unidad de volumen que con hidrógeno líquido. 100 gramos de paladio pulverizado ocupan poco más de 8 cm^3, ¡pero permiten almacenar una cantidad de hidrógeno equivalente a 7 litros de hidrógeno a presión atmosférica!

El depósito con el hidruro se puede transportar de una manera segura puesto que, a diferencia del hidrógeno puro, el hidruro no es explosivo ni encierra ningún peligro adicional. En el momento que se requiere el hidrógeno, basta con abrir la válvula de nuevo y calentar el depósito de manera controlada para que el hidrógeno se libere en forma de gas. Los depósitos que almacenan los hidruros son mucho más simples que los requeridos para el almacenamiento directo del hidrógeno comprimido o licuado, pero para que el almacenamiento de hidrógeno con hidruros metálicos sea efectivo se requieren otros requisitos. En primer lugar los hidruros deben tener una gran capacidad de almacenamiento de hidrógeno, ya que interesa transportar la mayor cantidad de hidrógeno con el mínimo peso y volumen posible, y los metales no se caracterizan precisamente por ser ligeros. El objetivo del Departamento de Energía de EE.UU. para los próximos años es, por ejemplo, conseguir sistemas de almacenamiento con un mínimo de 6,5% de hidrógeno en peso, 62 g de hidrógeno por litro y una temperatura de trabajo de entre 60 y 120°C. Por otro lado el proceso de formación de los hidruros a partir de los metales debe de ser totalmente reversible y el material debe soportar muchos ciclos de carga/descarga y ser estable frente al oxígeno y la humedad ambientes. Un aspecto muy importante es la cinética de los procesos de transformación. Es decir, la velocidad de transformación entre el metal y el hidruro, que determina el tiempo que se requiere para llevar a cabo tanto la carga de hidrógeno en el depósito como el caudal y tiempo de respuesta que se alcanza cuando se precisa el hidrógeno en una aplicación concreta. Interesa además que la temperatura de disociación de los hidruros sea baja y la presión de trabajo moderada. También es importante que el calor de formación

3.4/ Algunos metales y aleaciones forman hidruros metálicos en contacto con el hidrógeno y pueden ser utilizados para el almacenamiento y transporte del hidrógeno. En un depósito lleno de uno de estos metales o aleaciones y a temperatura constante, la presión del depósito aumenta moderadamente al introducir el hidrógeno hasta que se alcanza una presión de equilibrio entre las moléculas de hidrógeno en el gas y los átomos de hidrógeno incorporados en la estructura del sólido. A la presión de equilibrio, se almacena la mayor cantidad de hidrógeno mediante este método. Llega un momento en el que el sólido ya no es capaz de aceptar más átomos de hidrógeno en su estructura, de manera que al introducir más hidrógeno gaseoso en el depósito la presión aumenta.

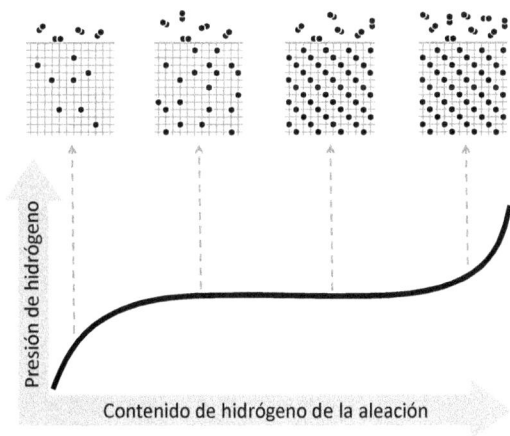

Presión de hidrógeno

Contenido de hidrógeno de la aleación

3.5/ Dispositivo para almacenar hidrógeno en forma de hidruro metálico. Consta de cuatro pequeños depósitos de medio litro de capacidad cada uno que permiten almacenar un total de 1000 litros de hidrógeno (30 kg H_2/m^3). Permite obtener un caudal de hidrógeno de 3 l/min a presión atmosférica y temperatura ambiente. El tiempo de recarga es de media hora (Orjin Solar).

de los hidruros sea bajo para que no haya problemas de disipación de calor durante la carga del hidrógeno, es decir, cuando se forman los hidruros. Finalmente, el metal utilizado no debe ser demasiado caro. Resulta evidente, entonces, que el paladio, a pesar de su gran capacidad de almacenar hidrógeno, no es un candidato interesante debido a su elevado coste. Durante los últimos veinte años se han investigado muchos metales y aleaciones distintas. Literalmente se han preparado y estudiado miles de materiales distintos. De entre las opciones más interesantes destacan los compuestos basados en aleaciones de hierro y titanio (TiFe), lantano y níquel ($LaNi_5$), zirconio y manganeso ($ZrMn_2$) y materiales compuestos basados en zirconio, titanio y magnesio.

El TiFe tiene una capacidad de almacenamiento de hidrógeno alrededor del 1,9% en peso y es barato, pero tiene el problema de que el titanio se oxida con facilidad y forma una fina película de óxido de titanio que obliga a trabajar a presión y temperatura elevadas para poder almacenar el hidrógeno. Un manera de subsanar el problema es preparar la aleación en un molino de bolas directamente a partir de los dos metales en lugar de utilizar la síntesis convencional en un horno. El resultado es un material con la misma composición pero con un número de defectos en su estructura muy elevado, de modo que las cinéticas de formación y disociación del hidruro mejoran muchísimo, es decir, los procesos de carga/ descarga de hidrógeno son mucho más rápidos. Se cree que en los defectos de la estructura del TiFe la energía de activación para la difusión del hidrógeno es mucho menor. Cuando la síntesis del TiFe se lleva a cabo en un molino de bolas en presencia de pequeñas cantidades de níquel o paladio, el resultado es un material que absorbe hidrógeno sin que haga falta apenas ningún aporte de energía. Esto se debe a que las partículas de polvo de TiFe están recubiertas por nanopartículas de Ni o Pd que actúan como centros catalíticos para la disociación de las moléculas de hidrógeno.

Otra de las aleaciones más estudiadas por su gran estabilidad es el $LaNi_5$, cuya capacidad de almacenamiento de hidrógeno es del 1,5% en peso y en la que la formación del hidruro transcurre con facilidad bajo condiciones suaves (5 bar de presión y 100°C). Estas y otras aleaciones ya se encuentran formando parte de depósitos comerciales para el almacenamiento de hidrógeno a pequeña escala. En cambio, el hidruro de magnesio, MgH_2, pese a ser el hidruro metálico reversible que tiene la mayor densidad de energía en forma de hidrógeno (9 MJ/kg Mg o 7,7% en peso de hidrógeno), no puede ser utilizado de momento para el almacenamiento de éste porque se precisan temperaturas demasiado elevadas para extraer el hidrógeno (unos 300°C a presión atmosférica) y es muy reactivo frente al oxígeno y la humedad. Mediante técnicas sofisticadas se pueden preparar partículas de MgH_2 con un tamaño de tan solo 0,9 nm en las que la temperatura de desorción disminuye considerablemente, hasta unos 200°C.

HIDRUROS NO METÁLICOS

El almacenamiento de hidrógeno en forma de hidruros metálicos es interesante y atractivo, tanto desde el punto de vista de la seguridad como de eficiencia, pero tiene una barrera infranqueable en tanto que el peso final del depósito es elevado. En general, el almacenamiento de hidrógeno está limitado a un máximo de un 2% en peso en condiciones de aplicación práctica (hasta 100°C y unas pocas atmósferas de presión). Por este motivo se han desarrollado sistemas de almacenamiento de hidrógeno con otros elementos químicos más ligeros que también son capaces de enlazarse al hidrógeno (en este caso mediante enlaces iónicos o covalentes). Este otro tipo de materiales pueden almacenar mucho más hidrógeno por unidad de peso, aunque el gran problema que presentan es que no siempre los procesos son reversibles, de modo que el ciclo de recarga de hidrógeno no es tan sencillo como en el caso de los hidruros metálicos, en los que basta poner en contacto el hidrógeno con el metal o aleación.

El tetrahidruroaluminato de sodio, $NaAlH_4$ (conocido también como *alanato* de sodio) es capaz de desprender de manera totalmente reversible un 5,6% de hidrógeno a 200°C cuando se dopa con pequeñas cantidades de titanio. El hidrógeno se obtiene a partir de dos reacciones consecutivas. En primer lugar el $NaAlH_4$ se transforma en Na_3AlH_6, aluminio e hidrógeno, lo que corresponde a un almacenamiento de hidrógeno del 3,7% en peso. La presencia de Ti debilita el enlace Al-H en los aniones AlH_4^-, en los que los iones hidruro se sitúan en los vértices de un tetraedro y el Al en el centro, facilitando de este modo la reacción. A continuación tiene lugar la descomposición del Na_3AlH_6 a hidruro de sodio, NaH, y el desprendimiento de un 1,9% en peso de hidrógeno adicional:

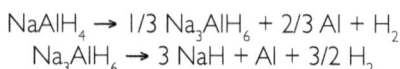

$$NaAlH_4 \rightarrow 1/3 \ Na_3AlH_6 + 2/3 \ Al + H_2$$
$$Na_3AlH_6 \rightarrow 3 \ NaH + Al + 3/2 \ H_2$$

La descomposición del NaH proporcionaría aún más hidrógeno, hasta un total de 7,4% en peso, pero se trata de una reacción irreversible que ocurre a temperatura elevada (425°C), por lo tanto sin interés para el almacenamiento de hidrógeno. El ciclo de recarga para regenerar el $NaAlH_4$ se consigue al someter la mezcla final de aluminio y NaH a una presión de 87 bar de hidrógeno a 100°C durante 17 horas.

Por su parte, la reacción entre la amida de litio, $LiNH_2$, y el hidruro de litio, LiH, puede proporcionar de manera reversible hasta un 10,4% en peso de hidrógeno. En un primer paso se hace reaccionar $LiNH_2$ con hidruro de litio (LiH) y se obtiene la imida de litio (Li_2NH) e hidrógeno. A continuación reaccionan Li_2NH y LiH y se obtiene nitruro de litio (Li_3N) y más hidrógeno. Pero la temperatura que se requiere para el proceso completo es elevada, alrededor de 400°C:

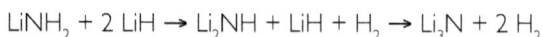

$$LiNH_2 + 2 \ LiH \rightarrow Li_2NH + LiH + H_2 \rightarrow Li_3N + 2 \ H_2$$

Los compuestos de boro también están siendo estudiados para el almacenamiento de hidrógeno. El tetrahidruroborato de sodio, $NaBH_4$, por ejemplo, libera hidrógeno en presencia de un catalizador de rutenio y suficiente temperatura. El borazano (NH_3BH_3) puede proporcionar hasta un 15% en peso de hidrógeno, tanto mediante la descomposición directa del sólido por efecto de la temperatura como por descomposición catalítica en disolución. Como en la reacción se genera borazina, $B_3N_3H_6$, se puede utilizar un soporte poroso de sílice para eliminar este producto, lo que además favorece la cinética de desorción del hidrógeno. El tetrahidruroborato de litio, $LiBH_4$, posee un contenido en hidrógeno del 18%, pero para su síntesis se requieren temperaturas superiores a los 650°C y presiones mayores que 150 bar.

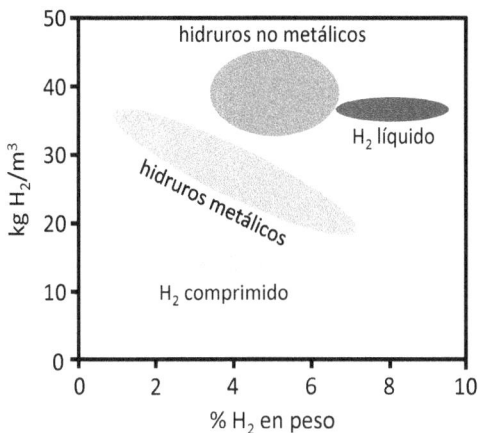

3.6/ Densidad volumétrica y gravimétrica de distintos métodos para almacenar hidrógeno. El método de almacenamiento ideal debe tener valores de densidad elevadas y ser completamente reversible bajo condiciones suaves, además de económico y seguro.

Finalmente, el hidruro mixto de litio y berilio $Li_3Be_2H_7$ almacena un 8% en peso de hidrógeno de manera reversible y con una temperatura de desorción de tan solo 150°C. El problema es que se trata de un compuesto altamente tóxico.

ESTRUCTURAS POROSAS

Otra manera de almacenar hidrógeno es por adsorción sobre materiales carbonosos, tales como el carbón activo, nanotubos de carbono y nanofibras de grafito. Todos estos materiales presentan microporos y un área superficial extremadamente elevada, de varios centenares de metros cuadrados por gramo (es decir, que solamente en diez o quince gramos ya hay el área equivalente a un campo de fútbol), lo que en teoría permite una gran capacidad de almacenamiento de hidrógeno (o cualquier otro gas). A diferencia de lo que ocurre en los hidruros, la adsorción del hidrógeno en los materiales carbonosos tiene lugar exclusivamente mediante fuerzas electrostáticas que se establecen entre los átomos de carbono y las moléculas de hidrógeno. Es, por tanto, una interacción débil (adsorción física o *fisisorción*) que no afecta a la estructura de los materiales y que permite, en teoría, que la carga/descarga de hidrógeno sea rápida, totalmente reversible, y pueda realizarse bajo condiciones suaves. A una temperatura determinada, la cantidad de hidrógeno adsorbido es esencialmente función de la presión.

En materiales carbonosos, el tamaño y la cantidad de los poros es sumamente importante y determina la capacidad de almacenamiento de hidrógeno. Normalmente sólo una pequeña fracción de los poros son lo suficientemente pequeños para interaccionar de manera suficientemente fuerte con las moléculas de hidrógeno a temperatura ambiente y presiones moderadas. En una adsorción física convencional, la capacidad de retención del poro de un sólido es máxima cuando el poro tiene un diámetro no mucho mayor que el diámetro de la molécula del gas que se desea almacenar. En el caso de la molécula de hidrógeno, con un diámetro cinético de unos 0,29 nm, los poros deben tener un diámetro inferior a 4 nm. Los materiales carbonosos de área superficial elevada se preparan hace más de medio siglo a partir tanto de precursores minerales como de precursores orgánicos (cáscaras vegetales, etc.) mediante procesos termoquímicos. Estos carbones activos contienen una gran variedad de estructuras de carbono y no son especialmente útiles en el almacenamiento de hidrógeno a temperatura ambiente, puesto que más de la mitad de los poros tienen diámetro superior a 4 nm (macroporos). Sin embargo, los avances recientes en el campo de la nanotecnología han permitido el diseño de nuevas estructuras, como las nanofibras de grafito y los nanotubos de carbono, en las que se puede ejercer un mejor control del tamaño de los poros y el almacenamiento de hidrógeno es mejor. Estas nuevas estructuras se producen por descomposición catalítica de hidrocarburos y/o monóxido de carbono a temperatura elevada, pirólisis de moléculas orgánicas, o vaporización directa de carbono mediante un arco eléctrico o láser. Las nanofibras tienen un diámetro entre 0,005 y 0,5 micras y contienen láminas de grafito. Los nanotubos son cilindros de grafito y pueden tener una sola capa o hasta cincuenta capas concéntricas. El diámetro interior de los nanotubos oscila entre 1 y 10 nm y el diámetro exterior entre 15 y 50 nm, mientras que su longitud puede llegar a ser de varios milímetros. Tanto la distancia entre láminas de grafito en las nanofibras como el espaciado entre dos cilindros concéntricos consecutivos en los nanotubos es de unos 0,34 nm, poco más que el diámetro cinético de la molécula de hidrógeno. Por su parte, los nanotubos se agregan lateralmente mediante interacciones electrostáticas y forman agregados que contienen cientos de nanotubos. Según simulaciones teóricas, la estructura con mayor capacidad de adsorción de hidrógeno está definida por nanotubos de carbono de 1,2 nm de diámetro ordenados en una configuración hexagonal en la que los nanotubos están separados por una distancia de 0,7 nm.

Los resultados experimentales alcanzados hasta el momento relativos a la cantidad real de hidrógeno almacenado en los nanotubos de carbono son dispares, ya que el porcentaje de hidrógeno adsorbido oscila entre el 1 y el 10% en peso, según distintos investigadores. Quizás el problema fundamental radica en que las dimensiones y estructuras de los nanotubos

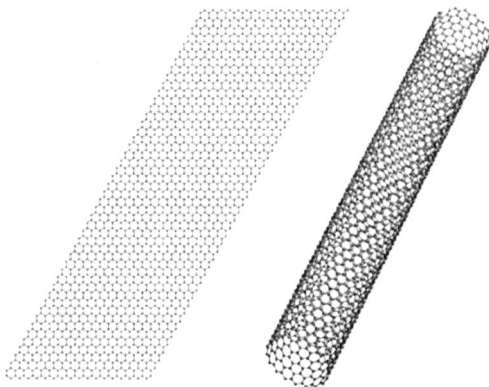

3.7/ Los nanotubos de carbono poseen, en teoría, una gran capacidad de almacenamiento de hidrógeno. Consisten en una o más capas de grafito (izquierda) enrolladas a lo largo de un eje (derecha). El hidrógeno puede adsorberse tanto en el interior de los nanotubos como en su superficie, así como en el espacio intersticial entre nanotubos adyacentes.

aún no pueden ser controladas perfectamente durante su preparación, sobre todo si hay que preparar grandes cantidades, y que la presencia de humedad es crítica en las medidas. Asimismo, los resultados obtenidos con la adición de pequeñas cantidades de otros elementos químicos a los nanotubos (metales alcalinos, nanopartículas metálicas, etc.) para favorecer la adsorción de hidrógeno tampoco son concluyentes. En estos momentos no existe un consenso claro acerca de la aplicación real de este tipo de materiales para el almacenamiento de hidrógeno.

Otras estructuras porosas que ofrecen áreas superficiales aún más elevadas que las estructuras carbonosas y que también son candidatas para el almacenamiento de hidrógeno son los compuestos de coordinación microporosos (también llamados MOF, del inglés *Metal Organic Framework*). Se trata de sólidos en cuya estructura se alternan iones metálicos y espaciadores orgánicos de manera periódica, de modo que se crean cavidades en las que se puede adsorber el hidrógeno con facilidad. Las dimensiones de las cavidades se pueden modular empleando espa-

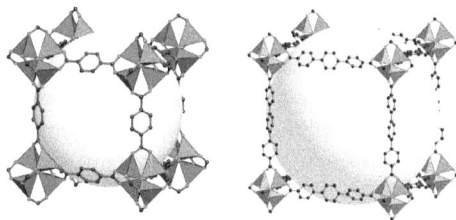

3.8/ Ejemplos de compuestos de coordinación microporosos: MOF-5 (izquierda) y MOF-16 (derecha). Estas estructuras contienen cavidades (indicadas con una esfera en la figura) en las que se puede almacenar hidrógeno.

ciadores orgánicos de distinta longitud e iones metálicos que den lugar a distintas geometrías de coordinación a su alrededor. Un ejemplo lo constituye el $Zn_4O(O_2-C_6H_4-CO_2)_3$, que presenta un área superficial superior a 4500 m^2/g. El MOF-8, constituido por clústeres basados en Zn_4O unidos por unidades naftaleno, puede almacenar un 2% en peso de hidrógeno a temperatura ambiente.

GENERACIÓN «A BORDO»

Cada una de las técnicas de almacenamiento de hidrógeno discutidas con anterioridad tiene sus ventajas e inconvenientes. El confinamiento de hidrógeno por compresión es simple, pero tiene el problema que la cantidad de hidrógeno que se puede almacenar en un volumen determinado es bajo, mientras que para licuar el hidrógeno y conseguir así una mayor eficiencia volumétrica, se requiere un aporte de energía muy elevado y además puede ser peligroso. El almacenamiento de hidrógeno por adsorción en estructuras porosas es poco eficiente, y el uso de hidruros metálicos, pese a ser óptimo desde el punto de vista de densidad volumétrica y seguridad, sólo alcanza a almacenar una cantidad de hidrógeno en peso baja. Por su parte, los hidruros iónicos y covalentes son capaces de almacenar cantidades de hidrógeno elevadas, pero plantean problemas de reversibilidad.

Frente a estos problemas, se puede plantear una idea totalmente distinta de distribuir el hidrógeno que no precisa de su almacenamiento masivo. En lugar de almacenarlo y transportarlo, se trata de generar el hidrógeno allí donde se necesite y en el momento preciso a partir de un substrato abundante que sea mucho más fácil y seguro de transportar. Este substrato preferiblemente debe ser líquido en condiciones normales (para aumentar así la densidad de energía volumétrica) y contener la mayor cantidad de hidrógeno posible (para conseguir una densidad de energía en peso elevada). Además de evitar el problema del almacenamiento del hidrógeno, la idea de producir el hidrógeno «a bordo» tiene una gran ventaja desde el punto de vista estratégico de implementación, y es que se puede aprovechar el actual sistema de distribución de combustibles líquidos (gasolineras, conducciones, depósitos, etc.). Esta opción resulta particularmente interesante para la distribución y gestión del hidrógeno en vehículos. A cambio, se requiere que el vehículo disponga de un sistema de generación de hidrógeno «a bordo», lo que también constituye un reto tecnológico.

De entre los distintos substratos posibles, los alcoholes (metanol y etanol) y los combustibles sintéticos (por ejemplo, hidrocarburos sintetizados a partir de gas de síntesis obtenido por gasificación de biomasa y dimetil éter obtenido mediante deshidratación de metanol) representan opciones interesantes en tanto que pueden producirse a partir de fuentes renovables y contienen una gran cantidad de hidrógeno, alrededor del 13-17% en peso. Según lo que ya hemos visto en el capítulo anterior, estos substratos pueden generar hidrógeno mediante reacciones de reformado, reformado oxidativo, etc. Para ello basta con calentarlos en presencia de vapor de agua (con o sin aire) y un catalizador adecuado. De este modo, además del propio hidrógeno del substrato, también se obtiene hidrógeno del agua. El amoníaco, NH_3 con un contenido de hidrógeno del 17,6% en peso, representa otra opción. El amoniaco se puede descomponer con facilidad sobre catalizadores de iridio para formar hidrógeno y nitrógeno y no hay emisiones de CO_2. Pero el amoníaco es un gas tóxico, de modo que su transporte «a bordo» no es aconsejable. Una solución reside en transportar compuestos de coordinación que contengan amoníaco, como $Mg(NH_3)_6Cl_2$, que es un sólido inerte que intercambia amoníaco a temperatura baja (menos de 150°C) de manera reversible. Un aspecto que se debe tener en cuenta, no obstante, es que la síntesis industrial del amoníaco es costosa porque se requieren presiones muy altas, por lo que su uso como fuente de hidrógeno puede no ser justificable desde el punto de vista del balance energético global. Finalmente, algunos cicloalcanos líquidos como el ciclohexano, metilci-

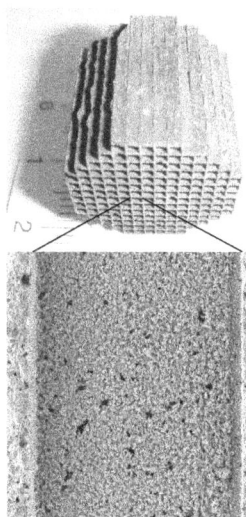

3.9/ Catalizador monolítico para la generación de hidrógeno «a bordo» a partir de etanol y agua. Cada celda del monolito mide menos de 1 mm de lado y está recubierta con una película de catalizador que contiene nanopartículas de cobalto dispersas en un aerogel de sílice. A 350°C, cada gramo de catalizador proporciona 2,7 litros de H_2 por gramo de etanol en un minuto (Instituto de Técnicas Energéticas de la UPC e Instituto de Ciencia de Materiales de Barcelona del CSIC).

clohexano, teralina y la decalina pueden deshidrogenarse de manera rápida en presencia de catalizadores basados en platino a temperaturas entre 210 y 350°C y producir hidrógeno. Los cicloalquenos resultantes pueden ser reciclados (hidrogenados) con facilidad y regenerar las substancias de partida. El problema entonces es que su utilización en vehículos exige el intercambio frecuente del depósito.

De entre todas estas opciones, las más prometedoras son las que obtienen el hidrógeno a partir de reacciones de reformado de combustibles líquidos. El problema más importante de la generación de hidrógeno «a bordo» es que la respuesta de los catalizadores en las unidades de generación de hidrógeno, o *reformadores*, tiene que ser muy rápida, especialmente si hablamos de vehículos, y la mayoría de catalizadores precisan de un período de acondicionamiento previo a su uso, lo que dificulta su aplicación en ciclos de encendido/apagado. Por este motivo, resulta crítico diseñar catalizadores con una buena transferencia de masa y dispersión de la fase activa. Además, es preciso diseñar dispositivos catalíticos capaces de trabajar en movimiento, bajo vibración, que sean estables, etc. Una posibilidad consiste en utilizar reactores de paredes catalíticas, o monolitos, en los que el catalizador se adhiere sobre las paredes de un substrato estable desde el punto de vista térmico y mecánico y que contiene un gran número de canales dispuestos en paralelo. Tales estructuras son las que se utilizan hoy en día en el tratamiento de gases en las industrias y en las emisiones de los vehículos de combustión porque permiten tratar un gran efluente de gas sin problemas de obturación y aumento de presión.

4

¿CÓMO DEVUELVE LA ENERGÍA EL HIDRÓGENO?

El hidrógeno es, de por sí, un combustible que proporciona una gran cantidad de energía térmica cuando se quema al aire, puesto que su reacción con el oxígeno es muy exotérmica. Pero, además, el hidrógeno también puede combinarse con el oxígeno del aire en una pila de combustible para proporcionar electricidad, además de calor. Las pilas de combustible pueden jugar un papel fundamental en la gestión de la energía en tanto que permiten el paso de un vector energético que se puede almacenar, el hidrógeno, a otro vector energético omnipresente en nuestra sociedad, la electricidad. Además, tanto la combustión del hidrógeno como su oxidación en las pilas de combustible son procesos limpios que no generan apenas emisiones de gases contaminantes ni partículas en suspensión dañinas para la salud.

4.1 / La combustión directa del hidrógeno y su uso en pilas de combustible es limpia y proporciona una gran cantidad de energía.

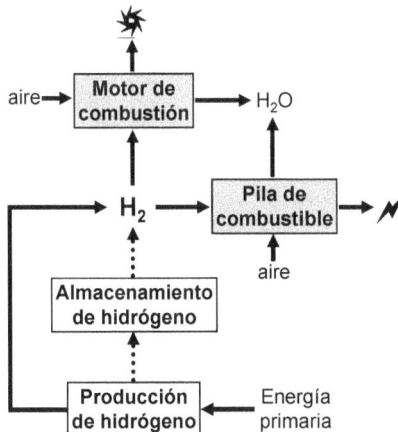

COMBUSTIÓN DEL HIDRÓGENO

El día 27 de noviembre de 1820, un párroco de nombre Cecil daba una conferencia en la Universidad de Cambridge con el título «*Acerca de la aplicación del gas hidrógeno para producir movimiento en maquinaria*». En ella, Cecil describió su máquina, que originaba movimiento gracias a la presión que la atmósfera ejercía sobre el vacío originado por la explosión del hidrógeno y aire al aplicar una llama en una cámara adyacente. La máquina de Cecil está descrita en detalle en las *Transactions of the Cambridge Philosophical Society*, pero no sabemos si llegó a hacerse realidad. Efectivamente, la oxidación directa del hidrógeno con oxígeno es una reacción muy exotérmica que genera 142 MJ por cada kilogramo de hidrógeno, por lo que puede emplearse eficazmente en motores de combustión. Para ser considerado en finalidades prácticas, un combustible químico debe ser capaz de generar una gran cantidad de energía por unidad de masa, ser un líquido o un gas para poder así ser transportado con facilidad, no ser tóxico y generar únicamente subproductos gaseosos fácilmente eliminables. El hidrógeno satisface todos estos requisitos y, además, de entre todos los combustibles que se conocen, es de los menos contaminantes porque únicamente produce agua y pequeñas cantidades de óxidos de nitrógeno, NO_x. La combustión de hidrógeno no produce óxidos de azufre ni apenas ozono. Ya a finales del siglo XIX, el científico ruso Konstantin Eduardovich Tsiolkovsky (1857-1935), uno de los pioneros de la aeronáutica, diseñó cohetes que funcionaban con hidrógeno. En Alemania, Franz Lawaczeck (1880-1969) diseñó en 1919 el primer coche que funcionaba con un motor de combustión de hidrógeno. Su trabajo fue continuado por Rudolf Erren, quien adaptó motores de coches, tractores, autobuses y submarinos en Alemania, Austria y Reino Unido para que pudieran funcionar con hidrógeno, algunos de los cuales llegaron a utilizarse en la década de 1930 y 1940 (se estima que fueron unos dos o tres mil coches) y, sobre todo, durante la Segunda Guerra Mundial, debido a la incertidumbre de suministro de gasolina en países como Alemania y Australia. En España, Arturo Estévez (1914-1988), inventor, fue el primero en modificar coches y motocicletas para hacerlos funcionar con un motor de explosión de hidrógeno. A título de demostración, el 1 de julio de 1970 circuló durante dos horas consecutivas con una motocicleta de hidrógeno por la plaza de España de Sevilla y a finales de los años setenta subió el puerto de Guadarrama con un Renault 8 modificado.

Hoy en día, el hidrógeno se quema de manera habitual como combustible en aplicaciones aeroespaciales, dado que el hidrógeno líquido es el combustible que ofrece una mejor relación entre energía producida y peso. Las turbinas de hidrógeno se han utilizado en numerosas misiones espaciales, como las misiones Apolo a la Luna, las misiones Viking a Marte y las misiones Voyager a los planetas más lejanos del sistema solar. El Space Shuttle utiliza para despegar tres turbinas de hidrógeno alimentadas por hidrógeno y oxígeno líquidos, que son subministrados por los tanques exteriores, junto a otras dos turbinas alimentadas con combustibles sólidos (aluminio y perclorato de amonio). Cada una de las turbinas de hidrógeno proporciona un flujo de vapor de agua a una velocidad superior a 3,5 kilómetros por segundo. Durante la combustión se alcanzan temperaturas de 3300°C.

En lo que a motores de combustión para el transporte rodado se refiere, existen dos tipos básicos de motor de combustión interna que utilizan hidrógeno como combustible: los motores de cuatro tiempos

4.2/ Despegue del Atlantis en 1992 desde Cabo Cañaveral (NASA). Las naves del programa Space Shuttle están equipadas con tres turbinas que queman hidrógeno y dos turbinas convencionales. Al principio del despegue la propulsión principal la proporcionan las turbinas convencionales, que se separan del conjunto a unos 45 km de altura y caen con paracaídas para ser reutilizadas. La propulsión final se consigue con las turbinas de hidrógeno. El hidrógeno y oxígeno líquidos utilizados como combustible están almacenados en un depósito debajo de la nave, que se desprende de ésta a unos 130 km de altura y se vaporiza al caer por la fricción con la atmósfera.

turbina de hidrógeno

Separación del depósito de hidrógeno y oxígeno

Space Shuttle en órbita

Separación de los motores convencionales

Despegue

convencionales modificados y los motores Wankel de hidrógeno. Un aspecto delicado que hay que tener en cuenta en los motores convencionales de cuatro tiempos alimentados con hidrógeno es que la ignición de la mezcla hidrógeno/oxígeno puede tener lugar de manera prematura (lo que se conoce como *autoencendido*). El problema del autoencendido también puede ocurrir en los motores de gasolina, pero en el caso del hidrógeno se agrava porque, tal y como se discutió en el capítulo anterior, la ignición del hidrógeno requiere menos energía, y porque la llama de hidrógeno tiene una velocidad muy elevada, de modo que disminuye el tiempo disponible para extinguirla. Para solventar estos inconvenientes, los motores de cuatro tiempos de hidrógeno suelen tener cámaras de combustión más pequeñas (con lo que además se consigue un índice de compresión mayor), válvulas refrigeradas y bujías construidas con materiales de conductividad térmica elevada. El resultado final es que los motores de combustión de hidrógeno de cuatro tiempos ofrecen rendimientos superiores en un 25-30% con respecto a los motores equivalentes de gasolina. Si además la inyección de hidrógeno se lleva a cabo en estado líquido, los rendimientos son aún mayores, a pesar de que entonces aumenta de manera considerable el desgaste de las partes móviles del sistema de inyección. Los motores de combustión que funcionan con gas natural y que actualmente utilizan muchos autobuses pueden transformarse con facilidad para que utilicen hidrógeno como combustible.

El otro tipo de motor que puede utilizarse para la automoción con hidrógeno como combustible es el motor ideado por Felix Heinrich Wankel (1902-1988) y cuyo primer prototipo realizó en 1957. En el motor Wankel,

4.3/ Fotografía de un motor de combustión de hidrógeno de cuatro tiempos (Energy Technology Training Center).

4.4/ Fotografía de un motor Wankel (Energy Technology Training Center).

también conocido como *motor rotativo*, los tiempos de un motor convencional tienen lugar en una única cámara, pero en compartimentos distintos. Esto se consigue gracias al movimiento rotatorio de un pistón triangular que realiza un giro de centro variable. El pistón mantiene sus tres vértices en contacto con las paredes de la cámara, delimitando así tres compartimentos separados que se expanden y contraen alternativamente. Al igual que en el motor de cuatro tiempos, el motor Wankel utiliza la presión creada por la combustión del hidrógeno para generar el movimiento, pero a diferencia de éste, apenas existen problemas de autoencendido. Una opción adicional es incluir agua pulverizada en la inyección del hidrógeno, de manera que la presión ejercida sea aún mayor, lo que redunda en un mayor rendimiento del motor. Un problema que presentan los motores Wankel, no obstante, reside en la dificultad de mantener la lubricación de las partes móviles, puesto que el agente lubricante se encuentra en contacto con la mezcla de combustible y aire. Por último, debido al gran margen de inflamabilidad del hidrógeno comparado con otros combustibles, los motores de hidrógeno pueden trabajar con relaciones aire:hidrógeno desde 34:1, hasta 180:1.

PILAS DE COMBUSTIBLE

Una pila de combustible es un dispositivo electroquímico que convierte la energía química de un combustible directamente en energía eléctrica. La fuerza motriz de la pila de combustible cuando el combustible es el hidrógeno es la afinidad del hidrógeno por el oxígeno para formar agua, una molécula termodinámicamente muy estable. Ya hemos visto que la combustión directa del hidrógeno con el oxígeno proporciona energía térmica, pero en una pila de combustible lo que se persigue es la transformación de energía química en energía eléctrica, no térmica, por lo que ambos reactivos están separados por un electrolito. De este modo, en una pila de combustible tienen lugar dos semi-reacciones en dos electrodos. En el ánodo (electrodo negativo) se oxida el combustible (hidrógeno), mientras que en el cátodo (electrodo positivo) se reduce el oxígeno, bien sea alimentado de manera directa o a partir del aire. Las reacciones exactas de cada electrodo dependen del tipo de pila de combustible. Los iones resultantes de los procesos redox se transfieren de un electrodo a otro a través del electrolito, mientras que los electrones generados circulan por un circuito externo, donde se genera el trabajo eléctrico. Si ahora comparamos esta forma de generar electricidad con los métodos convencionales (obtención de calor mediante la quema de un combustible o fisión nuclear; conversión del calor a energía mecánica y conversión de energía mecánica a energía eléctrica), es fácil reconocer las ventajas que supone la tecnología de las pilas de combustible sobre la metodología actual. Por un lado está la eficiencia energética de las pilas de combustible que, como mínimo, es el doble de la que se obtiene por los métodos actuales de generación de electricidad a partir de combustibles fósiles. Por otro lado, las pilas de combustible no contaminan porque el subproducto que generan es, sencillamente, agua. Obviamente, esto hay que matizarlo en función de

4.5/ Rendimientos de distintos sistemas de producción de energía en función de su potencia. En todo el rango de potencias las pilas de combustible ofrecen rendimientos superiores.

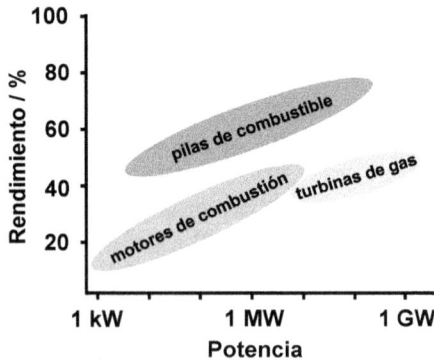

la fuente de hidrógeno que se utilice, porque si el hidrógeno proviene de reacciones de reformado de combustibles fósiles, continúa habiendo emisión de CO_2 a la atmósfera. Pero, aun así, dado que la eficiencia de las pilas de combustible es mayor, para generar la misma cantidad de electricidad con una pila de combustible o con una central térmica, por ejemplo, la cantidad total de CO_2 que se emite en el proceso de reformado para la obtención del hidrógeno es sustancialmente menor que la que resulta de la quema del combustible fósil en la central térmica. Si, por el contrario, el hidrógeno se obtiene a partir de una fuente renovable, entonces sí se puede considerar que la tecnología de las pilas de combustible es totalmente respetuosa con el medio ambiente. Otra ventaja de las pilas de combustible respecto a las tecnologías de obtención de electricidad actuales es la ausencia de partes móviles, lo que simplifica el mantenimiento y elimina cualquier contaminación acústica. Por último, las pilas de combustible ofrecen una flexibilidad sin precedentes. Al tratarse de dispositivos electroquímicos, pueden diseñarse pilas de combustible para cualquier tipo de aplicación, desde pequeños dispositivos hasta equipos de varios megavatios de potencia.

TIPOS DE PILAS DE COMBUSTIBLE Y FUNCIONAMIENTO

Las pilas de combustible se clasifican en función de su electrolito, ya que éste determina las reacciones que tienen lugar en los electrodos y la temperatura de trabajo de la pila. Esencialmente hay cinco tipos distintos, que son las

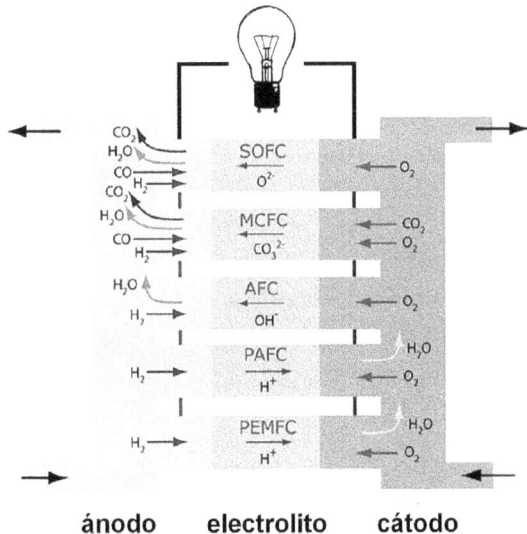

4.6/ Mecanismo de operación de cada uno de los distintos tipos de pilas de combustible. Se indica la naturaleza de los combustibles del ánodo y cátodo y la especie portadora de carga en el electrolito.

ánodo   electrolito   cátodo

pilas de combustible de óxido sólido, SOFC (del inglés *solid oxide fuel cell*); las pilas de combustible de carbonato fundido, MCFC (del inglés *molten carbonate fuel cell*); las pilas de combustible alcalinas, AFC (del inglés *alkaline fuel cell*); las pilas de combustible de ácido fosfórico, PAFC (del inglés *phosphoric acid fuel cell*), y las pilas de combustible de membrana de intercambio de protones, PEMFC (del ingles, *proton exchange membrane fuel cell*).

Tipo de pila	SOFC	MCFC	AFC	PAFC	PEMFC
Electrolito	óxido cerámico	carbonato líquido	disolución alcalina	ácido fosfórico	membrana polimérica
Temperatura de trabajo	600-1000°C	~650°C	50-200°C	~220°C	50-100°C
Transportador de carga	O^{2-}	CO_3^{2-}	OH^-	H^+	H^+
Rango de potencia	1 kW- 10 MW	50 kW- 10 MW	500 W- 10 kW	10 kW- 1MW	1 W-100 kW

Tipos de pilas de combustible y características principales.

Pilas de combustible SOFC

Walther Hermann Nernst (1864-1941), premio Nobel de química en 1920 por sus aportaciones a la termodinámica, fue el primero en describir que cuando el óxido de zirconio (ZrO_2) se dopaba con pequeñas cantidades de otros elementos como el calcio, el magnesio y el itrio, se convertía en un conductor de iones entre 600 y 1000°C, pero no de electrones. Esta capacidad de transportar iones es la que permitió el desarrollo de las pilas SOFC por primera vez entre 1930 y 1950. En este tipo de pilas de combustible, los iones O^{2-} se transfieren desde el cátodo, donde se forman por reducción del oxígeno, hasta el ánodo, donde reaccionan con el hidrógeno para formar agua. Las semirreacciones son:

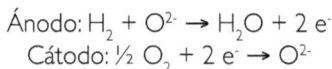

$$\text{Ánodo: } H_2 + O^{2-} \rightarrow H_2O + 2\ e^-$$
$$\text{Cátodo: } \tfrac{1}{2}\ O_2 + 2\ e^- \rightarrow O^{2-}$$

Es importante que el electrolito no sea conductor de electrones bajo las condiciones en las que se transfieren los iones porque, si esto ocurre, tiene lugar una pérdida de corriente que no se utiliza para realizar trabajo eléctrico. En la actualidad, los materiales que se utilizan de manera más habitual como electrolitos son el óxido de zirconio dopado con itrio (3-8% Y_2O_3) y el óxido de cerio, CeO_2, dopado con gadolinio (10% GdO). Para asegurar un buen contacto entre el electrolito y los electrodos se usan otros óxidos sólidos compatibles con ambos. Para el cátodo se usan óxidos mixtos de manganeso, estroncio y lantano, o manganeso, estroncio, cobalto y hierro, los cuales presentan también buena conductividad eléctrica. En el caso del ánodo se usa un material compuesto por un metal y un material cerámico (lo que técnicamente se conoce con el nombre de «cermet») constituido por níquel metálico y el mismo material del electrolito. De este modo se consigue una compatibilidad excelente con la estructura del electrolito y al mismo tiempo una conductividad eléctrica elevada por la presencia del níquel metálico, el cual actúa también como catalizador para acelerar las reacciones en el ánodo. Hay que tener presente que las altas temperaturas de operación de una pila SOFC no permiten la utilización directa de metales en el electrodo, mucho más baratos y fáciles de manejar. A diferencia de otras pilas de combustible, el monóxido de carbono también puede ser utilizado como reactivo además del hidrógeno, lo que permite el uso directo del efluente que se obtiene en un proceso de reformado para la obtención de hidrógeno. En este caso, el producto de la reacción es CO_2.

La conducción iónica de O^{2-} en el electrolito de una pila de combustible SOFC depende de la movilidad de los iones, la cual depende a su vez de la temperatura. Además, la estructura cristalina del electrolito debe contener vacantes de oxígeno y la barrera energética de migración entre los aniones de oxígeno y las vacantes debe ser pequeña, menos de 1 eV. Estas condiciones se dan en unas pocas estructuras cristalinas, como en la estructura de la fluorita (de formula general AO_2) y la de la perovsquita (de formula general ABO_3). La estructura cristalina de la fluorita consiste en una red cúbica de cationes centrada en las caras en la que todas las posiciones tetraédricas están ocupadas por el oxígeno. Esta estructura se encuentra habitualmente con cationes tetravalentes de radio iónico elevado, como el cerio (IV). Pero el zirconio(IV) es demasiado pequeño y la única manera de mantener una estructura cristalina como la de la fluorita es mediante la substitución parcial del zirconio por otro átomo más grande, que recibe el nombre de dopante. Cuando el dopaje tiene lugar con cationes de valencia menor que +4 se crean vacantes de oxígeno para mantener la electroneutralidad de la estructura, y son estas vacantes, precisamente, las que permiten la conductividad iónica de O^{2-} a través de la estructura. El mismo principio de substitución parcial de cationes puede llevarse a cabo en la estructura de la perovsquita para obtener conducción iónica.

La temperatura de trabajo de las pilas SOFC exige de un aporte continuo de energía, lo que, en principio, supone una disminución de la eficiencia energética de la pila, a pesar de que la reacción electroquímica de la pila en sí es exotérmica y libera una cantidad de calor importante. Lo que ocurre es que los gases a la salida de la pila SOFC están también a temperatura elevada y pueden utilizarse para mover una turbina externa. El resultado es un sistema híbrido, o de *cogeneración*, muy efectivo, que permite alcanzar valores de eficiencia energética de hasta el 90%. Los rendimientos que permiten alcanzar las pilas SOFC son los más elevados que se han conseguido jamás en la generación de electricidad. Por otro lado, las temperaturas de funcionamiento tan elevadas de las pilas SOFC permiten llevar a cabo el reformado catalítico de casi cualquier combustible en unidades adyacentes, por ejemplo gas natural, para suministrar el hidrógeno necesario para su funcionamiento.

Un aspecto importante en la fabricación de pilas SOFC es que sus componentes tienen que ser muy resistentes a ciclos térmicos, ya que la pila debe soportar muchos ciclos de temperatura durante los procesos de encendido/apagado. Además de la resistencia de los propios materiales a las variaciones de temperatura, éstas también pueden originar pequeñas fisuras en las zonas de unión. Cuando esto ocurre, los gases fugan y la pila deja de funcionar. Por este mismo motivo, el mejor uso de las pilas SOFC se encuentra en el campo de las aplicaciones estacionarias y no en aplicaciones móviles. A diferencia de otros tipos de pilas de combustible, las pilas SOFC pueden tener muchas geometrías. Además de la geometría plana, en la que se apilan los electrodos y el electrolito en una forma similar a la de un bloque de hojas de papel (la geometría más empleada en la mayoría de pilas de combustible), las pilas SOFC también pueden fabricarse con una geometría tubular, en la que un gas circula

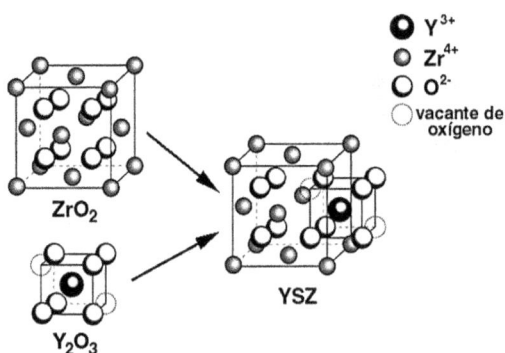

4.7/ Estructura de la fluorita en una celda cristalográfica de ZrO_2 y creación de vacantes de oxígeno en la estructura por efecto de dopaje con Y_2O_3. La migración de vacantes de O^{2-} es la responsable de la conducción iónica en el electrolito de las pilas de combustible SOFC.

Y^{3+}
Zr^{4+}
O^{2-}
vacante de oxígeno

ZrO_2

Y_2O_3

YSZ

4.8/ Esquema de una pila de combustible SOFC con geometría tubular.

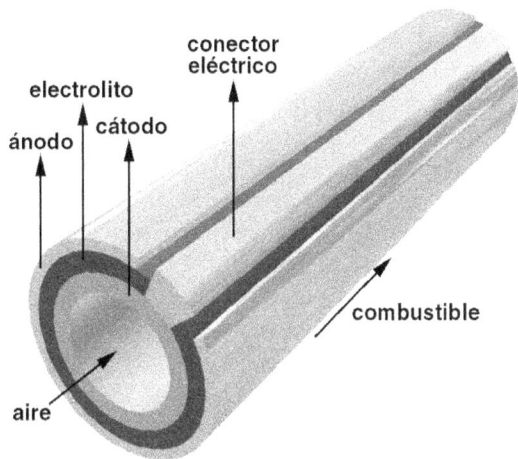

por el interior del tubo y el otro por el exterior del mismo. La geometría tubular es mucho mejor que la geometría plana en lo que se refiere a sellado y manipulación de los gases.

Pilas de combustible MCFC

Las pilas de combustible de carbonato fundido son otro tipo de pilas que trabajan a temperatura elevada. El electrolito es una mezcla de carbonatos de litio y potasio a unos 650°C en el que tiene lugar el transporte de iones carbonato, CO_3^{2-}, desde el cátodo hasta el ánodo gracias a que el electrolito se encuentra en estado líquido. La proporción entre los carbonatos suele ser de 62% Li_2CO_3 y 38% K_2CO_3 (base molar), y esta mezcla tiene una temperatura de fusión de unos 550°C. La consistencia de la pila se consigue con una matriz cerámica de $LiAlO_2$ que retiene a los carbonatos líquidos. En el ánodo, el hidrógeno reacciona con los aniones carbonato y produce agua y CO_2. Los iones carbonato se regeneran en el cátodo mediante la reducción del oxígeno y posterior reacción con el dióxido de carbono. Los iones carbonato migran a través del electrolito del cátodo al ánodo y completan el circuito. Por su parte, el dióxido de carbono generado en el ánodo se recicla para ser utilizado en el cátodo

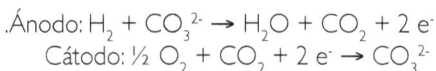

$$\text{.Ánodo: } H_2 + CO_3^{2-} \rightarrow H_2O + CO_2 + 2\ e^-$$
$$\text{Cátodo: } \tfrac{1}{2}\ O_2 + CO_2 + 2\ e^- \rightarrow CO_3^{2-}$$

Dado que las reacciones químicas tienen lugar a temperatura elevada, no hacen falta electrodos con metales caros, de modo que se utiliza níquel con un 10% de cromo para el ánodo y óxido de níquel dopado con litio para el cátodo. Esto representa una diferencia importante con las pilas de combustible que trabajan a temperaturas bajas, donde se hace imprescindible el uso de electrodos caros de platino para favorecer la cinética de las reacciones. El uso de Ni como electrodo en el ánodo junto a las temperaturas elevadas de las pilas MCFC hace posible el uso directo de gas natural como combustible, ya que éste actua de catalizador y proporciona hidrógeno y CO_2 por reformado bajo las condiciones de trabajo. Uno de los problemas más importantes de las pilas MCFC, no obstante, es la corrosión y disolución gradual del cátodo en el electrolito. El NiO es parcialmente soluble en los carbonatos fundidos, lo que da como resultado una difusión de iones Ni^{2+} hacia el ánodo que, además de suponer una degradación del cátodo, puede terminar provocando un cortocircuito en los electrodos. Para minimizar este fenómeno se añaden normalmente pequeñas cantidades de carbonatos de calcio, bario o estroncio al electrolito, o bien se utilizan cátodos alternativos como el Li-CoO_2, que tiene una velocidad de disolución mucho más pequeña.

Al igual que en el caso de las pilas SOFC, la temperatura elevada de funcionamiento de las pilas MCFC hace que sea posible la cogeneración de electricidad mediante turbinas con los gases calientes que abandonan la pila, con lo que el rendimiento global aumenta de un 60% a un 85%, aproximadamente, en aplicaciones de 50 kW a 5 MW. Además de la temperatura de trabajo tan elevada, el hecho de que el electrolito se encuentre en estado líquido hace que este tipo de pilas de combustible sean interesantes en aplicaciones estacionarias, pero no para aplicaciones portátiles.

Pilas de combustible AFC

Las pilas de combustible alcalinas fueron inventadas por Francis Thomas Bacon (1904-1992) en 1932, y desde entonces han sido mejoradas hasta el punto de convertirse en una tecnología lo suficientemente madura como para ser utilizada en misiones espaciales. Además son las pilas de combustible más baratas de fabricar. Están formadas por dos electrodos porosos alimentados por hidrógeno y oxígeno y separados por un electrolito alcalino. Los electrodos de estas pilas de combustible permiten la difusión del gas y del electrolito en su interior para que las reacciones electroquímicas tengan lugar de manera eficiente a temperaturas bajas. Son los llamados *electrodos de difusión de gas*, que proporcionan un millón de veces más densidad de corriente que un electrodo plano. En los electrodos de difusión de gas se forman zonas de contacto de tres fases entre el gas, el material del electrodo y el electrolito líquido, de modo que el gas se disuelve en el electrolito líquido y se difunde hacia los centros activos de la superficie del electrodo. En los electrodos de una pila de combustible AFC tienen lugar las reacciones:

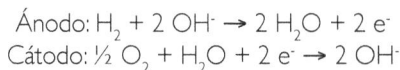

$$\text{Ánodo: } H_2 + 2\,OH^- \rightarrow 2\,H_2O + 2\,e^-$$
$$\text{Cátodo: } \tfrac{1}{2}\,O_2 + H_2O + 2\,e^- \rightarrow 2\,OH^-$$

La velocidad de reducción del oxígeno en medio alcalino es rápida, por lo que no hace falta utilizar metales nobles en el electrodo catódico y puede usarse el níquel. En cambio, en el ánodo resulta imprescindible el uso de platino, que se encuentra en forma de pequeñas partículas soportadas sobre carbón de área superficial elevada ($>100\ m^2g^{-1}$). Los iones hidroxilo generados, OH^-, se transfieren del cátodo al ánodo a través del electrolito, que es una disolución acuosa de hidróxido de potasio, KOH. La concentración de KOH varía en función de la temperatura de trabajo; a 50-80°C se utiliza una disolución del 30-40% en peso, mientras que a 200°C la disolución es del 85% en peso. Las pilas AFC se pueden construir de manera que el electrolito sea estático, o bien pueda circular en un circuito cerrado. En el caso de circular, el electrolito limpia la celda, arrastra el agua producida en el ánodo y, además, sirve para refrigerar la pila. Cuando el electrolito es estático, el agua producida en la reacción se elimina por evaporación a través del electrodo. La eficiencia eléctrica de las pilas AFC es la más elevada

4.9/ Esquema del funcionamiento de un electrodo en una pila de combustible AFC. En un lado el electrodo tiene poros grandes por los que se difunde el gas, mientras que por el otro lado el electrodo tiene poros de menor tamaño para retener el electrolito líquido. De este modo se crean zonas trifásicas entre el electrodo (sólido), el electrolito (líquido) y el gas en las que tienen lugar las reacciones químicas.

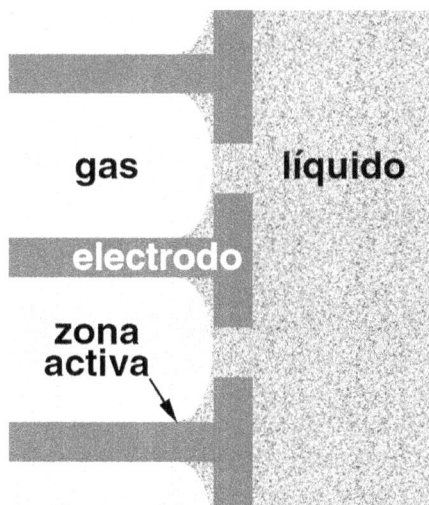

de todos los tipos de pilas de combustible y alcanza valores de hasta un 70%. En cambio, el gran inconveniente de las pilas AFC es que, dado que el electrolito es una disolución de KOH, no puede haber CO_2 en los gases que se suministran a la pila (ni tan solo el 0,03-0,04% que suele haber en el aire), porque si no éste reacciona con el electrolito y origina carbonatos que precipitan en los poros de los electrodos e impiden el acceso del electrolito. Este es un inconveniente importante para el uso de este tipo de pilas de combustible en aplicaciones habituales porque hay que suministrar hidrógeno y oxígeno puros.

Pilas de combustible PAFC

Las pilas de combustible PAFC utilizan ácido fosfórico como electrolito. El ácido fosforico, H_3PO_4, presenta valores de conductividad iónica elevados a temperaturas entre 160 y 220°C. A estas temperaturas, los ácidos más habituales (ácido sulfúrico, ácido clorhídrico, etc.) son menos estables y más volátiles que el ácido fosfórico. El electrolito rellena una matriz porosa resistente al ácido de carburo de silicio y tetrafluoroetileno (PTFE). Los electrodos que se utilizan son de platino y, de manera análoga a las pilas AFC, las reacciones tienen lugar en las zonas trifásicas de contacto entre electrodo, electrolito y gas. El combustible utilizado es el hidrógeno, que puede provenir de procesos de reformado. El monóxido de carbono que pueda contener la corriente de hidrógeno no representa un problema grave porque a las temperaturas de trabajo de las pilas PAFC los electrodos de platino no se desactivan (el CO no se coordina y, por tanto, no obsta-culiza la actividad del electrodo) y, por otro lado, el CO_2 que se genera en la reacción de reformado no supone ningún problema porque en medio ácido no se forman carbonatos. Las reacciones que tienen lugar son:

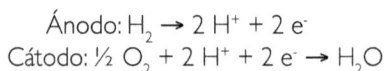

$$\text{Ánodo: } H_2 \rightarrow 2\ H^+ + 2\ e^-$$
$$\text{Cátodo: } \tfrac{1}{2}\ O_2 + 2\ H^+ + 2\ e^- \rightarrow H_2O$$

En el ánodo el hidrógeno se oxida y origina electrones, que son los que reali-zan el trabajo eléctrico útil, y protones, H^+. Los protones se difunden a través del electrolito líquido y alcanzan el cátodo, donde reaccionan con oxígeno para formar agua. En las pilas que operan en medio ácido, como las PAFC, la cinética de la reacción de reducción del oxígeno en el cátodo es más lenta que en el caso de las pilas que operan en medio básico, por lo que la pre-paración de los catalizadores de los electrodos es muy importante porque, además, el medio ácido favorece la corrosión de los electrodos y la agrega-ción de las partículas de platino, lo que supone una perdida de superficie útil del catalizador. A pesar de estos problemas, en la actualidad se comercializan pilas de combustible PAFC de gran potencia (200 kW) para aplicaciones estacionarias con una vida útil superior a las cuarenta mil horas (cuatro años y medio de operación ininterrumpida), con una eficiencia eléctrica del 40% y una eficiencia en cogeneración del 85%. Las pilas de combustible PAFC han sido las primeras en ser fabricadas y distribuidas a gran escala.

Pilas de combustible PEMFC

El electrolito de las pilas de combustible PEMFC es una membrana sólida y delgada de un polímero conductor de protones, por lo que estas pilas son muy compactas. Además no contienen ningún tipo de líquido, por lo que pueden trabajar en cualquier orientación, cosa que las hace especialmente interesantes en aplicaciones móviles y portátiles. Su temperatura de trabajo es baja (50-100°C), tienen tiempos de respuesta rápidos y proporcionan densidades de corriente elevadas, de hasta 1 A por centímetro cuadrado. Por todo esto, las pilas PEMFC son las que tienen un futuro con más posibilidades en este tipo de aplicaciones y son las que están siendo actualmente más utilizadas, por ejemplo, en la fabricación de coches que utilizan hidrógeno para alimentar motores eléctricos mediante pilas de combustible. Las pilas PEMFC funcionan con hidrógeno y oxígeno, pero también hay pilas de combustible de membrana que funcionan directamente con otros combustibles, sobre todo metanol (CH_3OH), pero también con etanol (C_2H_5OH) o formaldehído (HCHO). Las pilas de membrana que utilizan metanol reciben el nombre de DMFC (del inglés *direct methanol fuel cell*) y fueron inventadas en el *Jet Propulsion Laboratory*, en California. Es importante darse cuenta de que en las pilas DMFC no es necesaria una etapa previa de reformado para obtener hidrógeno, sino que el combustible se oxida directamente en el electrodo y proporciona los protones que transportan la carga a través del electrolito. Por este motivo representan un avance muy importante en la conversión directa de energía química a energía eléctrica. Además, otra gran ventaja sobre las pilas PEMFC es que el metanol es un líquido y, por tanto, mucho más fácil de transportar que el hidrógeno en aplicaciones portátiles (el metanol se mantiene líquido a presión atmosférica entre -97 y 64,7°C). En el mismo volumen, la densidad de energía del metanol es unas diez veces superior a la del hidrógeno comprimido. El inconveniente es que la potencia que se alcanza en las pilas DMFC es considerablemente más baja (aproximadamente una cuarta parte) que la que se consigue con las pilas PEMFC. Las reacciones que tienen lugar en los electrodos de una pila PEMFC son las mismas que en una pila PAFC:

$$\text{Ánodo: } H_2 \rightarrow 2\,H^+ + 2\,e^-$$
$$\text{Cátodo: } \tfrac{1}{2}\,O_2 + 2\,H^+ + 2\,e^- \rightarrow H_2O$$

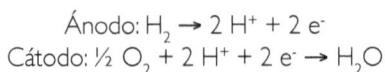

Mientras que las reacciones en una pila DMFC son:

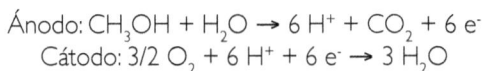

$$\text{Ánodo: } CH_3OH + H_2O \rightarrow 6\,H^+ + CO_2 + 6\,e^-$$
$$\text{Cátodo: } 3/2\,O_2 + 6\,H^+ + 6\,e^- \rightarrow 3\,H_2O$$

En ambos casos los protones generados en el ánodo atraviesan el electrolito sólido de membrana hasta el cátodo, donde se combinan con el oxígeno para formar agua. Desde el punto de vista cinético, no obstante, la oxidación del hidrógeno en el ánodo es una reacción relativamente fácil, pero no así la oxidación del metanol. La oxidación del metanol a CO_2 supone la transferencia de seis electrones, cosa que no puede ocurrir de manera simultánea, y el resultado es que la superficie del catalizador del electrodo queda recubierta por especies intermedias adsorbidas. Estas especies, a su vez, dificultan el acceso de nuevas moléculas de metanol a la superficie del catalizador y el resultado es que hace falta un sobrepotencial para que el proceso de oxidación sea efectivo. Este sobrepotencial, junto al requerido también en la reducción del oxígeno en el cátodo, es el principal responsable del bajo rendimiento eléctrico de las pilas DMFC. Otra diferencia importante en el funcionamiento de las pilas de combustible de membrana PEMFC y DMFC es que, en una pila PEMFC, únicamente atraviesan el electrolito de membrana los protones generados en el ánodo y el agua, mientras que en una pila DMFC, además de los protones y el agua, el metanol también tiene tendencia a desplazarse al cátodo debido a su elevada solubilidad en agua. El resultado es que parte del metanol puede oxidarse directamente en el cátodo con el oxígeno sin realizar trabajo eléctrico. Este problema aun no se ha podido solucionar de una manera satisfactoria y la solución actual pasa por utilizar disoluciones acuosas de metanol con una concentración muy baja, del 2-4%. Obviamente las potencias que se alcanzan con las pilas DMFC en estas condiciones tan diluidas son bajas. Una alternativa es trabajar con electrodos resistentes al metanol (que no lo oxiden), como los sulfuros mixtos de molibdeno y rutenio (fases de Chevrel).

COMPONENTES DE UNA PILA DE COMBUSTIBLE DE MEMBRANA

Las pilas de combustible PEMFC son en las que se está trabajando más a fondo debido a su simplicidad y elevada densidad de potencia. Tomándolas como ejemplo, vamos a ver cuáles son sus partes y cómo éstas condicionan el funcionamiento y comportamiento de las pilas de combustible en general. Las pilas de combustible PEMFC se llaman así porque el electrolito es un polímero en forma de membrana. Este tipo de membranas fueron ideadas inicialmente para la industria cloro-álcali, en la que se electroliza una salmuera de cloruro sódico (sal común) para obtener cloro, Cl_2. En una pila PEMFC, la combinación de la membrana y los electrodos da lugar a una unidad muy compacta. Esta unidad, llamada MEA (del inglés *membrane electrode assembly*), mide apenas un milímetro de grosor y constituye el núcleo principal de una pila de combustible PEMFC, capaz de generar potencia eléctrica con un potencial de unos 0,7-0,8 V y una densidad de corriente de 1 W por cada cm^2 de área de electrodo, aproximadamente. Los electrodos gobiernan los procesos electroquímicos y contienen partículas de metales nobles (catalizadores) altamente dispersas en un soporte permeable a los gases, normalmente fibras de carbono de elevada área superficial. Las membranas precisan de la presencia de agua para su correcto funcionamiento, sobre todo para garantizar el transporte de protones en su seno, lo que a su vez representa un límite en la temperatura de funcionamiento (inferior a 100-120ºC). Una manera de evitar la deshidratación de la membrana consiste en saturar a los gases con vapor de agua a la entrada de la pila. La unidad MEA se ensambla entre dos placas colectoras de corriente en las que se practican surcos para distribuir los reactivos (hidrógeno y oxígeno/aire) de la manera más eficaz posible. Para controlar la

4.10/ Sección transversal de una unidad MEA en una pila de combustible PEMFC.

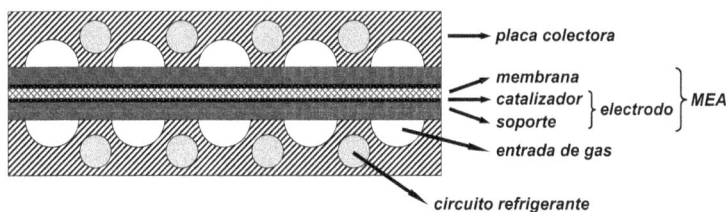

placa colectora

membrana
catalizador } electrodo } MEA
soporte

entrada de gas

circuito refrigerante

temperatura de la pila se suelen colocar intercambiadores de calor de aire o agua en cada placa colectora.

Los potenciales estándar de las reacciones electroquímicas que tienen lugar en el ánodo y cátodo de una unidad MEA son, respectivamente:

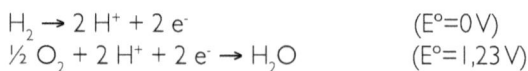

$$H_2 \rightarrow 2\,H^+ + 2\,e^- \qquad\qquad (E°=0\,V)$$
$$\tfrac{1}{2}\,O_2 + 2\,H^+ + 2\,e^- \rightarrow H_2O \qquad (E°=1,23\,V)$$

En el ánodo, el hidrógeno se difunde a través del soporte del electrodo y se oxida sobre las partículas del catalizador. Los protones generados migran hacia la membrana mientras que los electrones lo hacen hacia el soporte y, en última instancia, a los terminales eléctricos de la pila de combustible. Por tanto, el material del substrato del ánodo tiene que ser poroso a los gases además de ser un conductor eléctrico. Dado que no toda la energía química se transforma en electricidad, también se genera calor, de manera que el substrato poroso del electrodo también debe actuar como un conductor del calor para poder así disipar el calor generado en las zonas reactivas de la unidad MEA. Por su parte, en el cátodo las funciones del soporte del catalizador son aún más críticas, puesto que en la reacción catódica se genera agua y se debe evitar su condensación en el electrodo porque podría ocasionar el bloqueo de los poros, lo que supondría la interrupción de suministro de gas en la zona reactiva. La membrana tiene que conducir los protones generados en el ánodo hacia el cátodo. Por esto es preciso que esté húmeda, dado que el proceso de conducción está condicionado a la presencia de agua.

4.11/ Fotografía obtenida con un microscopio electrónico de barrido de un soporte de un electrodo en una pila PEMFC. El ancho de la fotografía mide menos de 1 mm.

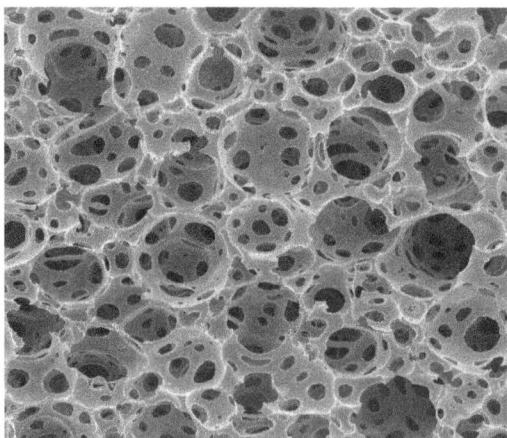

Componente	Función
Soporte del ánodo	Distribución de hidrógeno Conducción eléctrica Disipación de calor Saturación con vapor de agua
Catalizador del ánodo	Reacción en el ánodo Conducción de protones a la membrana Conducción electrónica hacia el substrato Transporte de agua Transporte de calor
Membrana de intercambio de protones	Conducción de protones Transporte de agua Aislamiento electrónico
Catalizador del cátodo	Reacción en el cátodo Transporte de protones desde la membrana Conducción electrónica hacia el substrato Transporte de calor
Soporte del cátodo	Distribución de aire/oxígeno Conducción eléctrica Disipación de calor Transporte de agua

Funciones de los diversos componentes de una unidad MEA

Una de las maneras más directas de medir la eficiencia de una pila de combustible es graficar el potencial generado (V) frente a la densidad de corriente (A cm^{-2}). La curva que se obtiene dista de ser una recta con un valor de potencial fijo a distintas densidades de corriente, debido a contribuciones relacionadas con la cinética de las reacciones, con el transporte de masa y la resistencia interna propia del dispositivo. Estas son las limitaciones más importantes a las que tiene que hacer frente un buen diseño de una unidad MEA.

Debido a estas limitaciones, la pila nunca alcanza el valor teórico de 1,23 V. Cuando la pila trabaja a bajas densidades de corriente, es decir, cuando el consumo es muy bajo, además de las dos reacciones principales en los electrodos (oxidación de hidrógeno en el ánodo y reducción de oxígeno en el cátodo), también tienen lugar otros procesos electroquímicos no deseados. Por un lado, hay una perdida de voltaje asociada al transporte de pequeñas cantidades de hidrógeno gaseoso a través de la membrana desde el ánodo hacia el cátodo, lo que provoca una coexistencia simultánea entre la reducción del oxígeno y la oxidación del hidrógeno en el cátodo. Por otro lado, pueden tener lugar procesos de corrosión, sobre todo corrosión del carbón utilizado como soporte de los catalizadores, lo que también provoca una disminución del potencial.

Cuando la pila trabaja a una densidad de corriente habitual (consumo normal), estos efectos parásitos quedan totalmente encubiertos por los procesos electroquímicos principales de los electrodos y el potencial de la pila se estabiliza (típicamente alrededor de 0,7-0,8 V). La densidad de potencia eléctrica de la pila es el producto del potencial y la densidad de corriente y aumenta a medida que la densidad de corriente aumenta en el intervalo en el que la pila proporciona un voltaje aproximadamente constante. Llega un punto, no obstante, en el que la densidad de potencia eléctrica disminuye, debido a que el potencial disminuye por problemas, sobre todo, de transporte de masa en la unidad MEA, a pesar del aumento de la densidad de corriente. Lo que interesa en el diseño de una unidad MEA es, precisamente, que el máximo de la densidad de potencia esté situado a valores de densidad de corriente lo más elevados posible. Para ello, es preciso disminuir al máximo la resistencia interna de la pila. Cualquier dispositivo eléctrico tiene una resistencia interna; en el caso de una unidad MEA esta resistencia se encuentra básicamente en los catalizadores (partículas metálicas y soporte) de los electrodos. Además también existe una resistencia iónica debida al transporte de los protones en la membrana. A medida que aumenta la densidad de corriente, la resistencia de la pila también aumenta, lo que provoca que el potencial de la pila decaiga.

4.12/ Comportamiento típico de una pila de combustible en el que se muestra los efectos derivados de la activación de los electrodos, resistencia interna y transporte de masa en un grafico de voltaje frente a densidad de corriente.

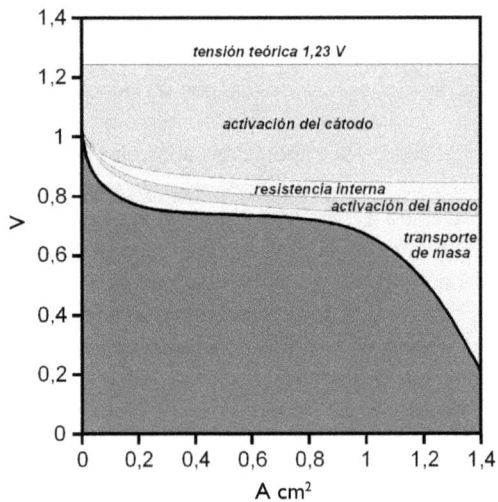

Otro factor muy importante que determina el rendimiento de una pila de combustible está relacionado con la cinética de los procesos electroquímicos en los electrodos. Mientras que la oxidación del hidrógeno en el ánodo es una reacción rápida, es decir, fácil desde el punto de vista cinético, la reducción del oxígeno en el cátodo es una reacción que requiere de un proceso de activación lento (intervienen varias especies químicas en la reacción), lo que se traduce en un sobrepotencial elevado que resulta en una pérdida de voltaje en la pila. El valor del sobrepotencial depende en gran medida de la naturaleza y cantidad de catalizador del electrodo y por esto se utilizan catalizadores de platino o aleaciones de éste, a pesar de su precio elevado. Sin duda, una de las limitaciones más importantes de las pilas de combustible actuales es el precio de los catalizadores, a pesar que la cantidad total de catalizador necesaria en una pila de combustible PEMFC ha disminuido diez veces en los últimos diez años y cien veces en comparación con las primeras pilas de combustible utilizadas en la década de 1950. La cantidad de catalizador en el ánodo suele ser de 0,25 mg Pt cm^{-2}, mientras que en el cátodo, donde se requiere un sobrepotencial mayor, la cantidad se sitúa alrededor de 0,6 mg Pt cm^{-2}. Del mismo modo, en los últimos años se ha conseguido aumentar de manera importante el área superficial efectiva de catalizador en contacto con la membrana y las placas colectoras externas.

Por último, las pilas de combustible PEMFC tienen una densidad de potencia limitada por problemas de transporte de masa. Se trata de un problema de dinámica de fluidos, en tanto que el oxígeno tiene que acceder al cátodo al mismo tiempo que el agua que se produce en la reacción global de la pila tiene que abandonarlo. Este problema se ve acrecentado, lógicamente, por la condensación del agua en el electrodo y cuando la pila se alimenta con aire en lugar de oxígeno puro.

Electrocatalizadores

En el corazón de la unidad MEA se encuentran los catalizadores de los electrodos, o *electrocatalizadores*. Sin ellos, ninguna pila de combustible funcionaría y las ventajas del hidrógeno como vector energético se verían fuertemente afectadas por el hecho de que el hidrógeno sólo podría transformarse a energía térmica mediante su combustión directa en un motor. Pero la fabricación de electrocatalizadores no es fácil, dado que deben cumplir una serie de requisitos indispensables. Los electrocatalizadores no sólo deben poseer una actividad catalítica intrínseca para llevar a cabo la oxidación del hidrógeno y la reducción del oxígeno en los electrodos de manera eficiente, sino que además deben tener una vida útil elevada (un mínimo de 25000 horas de funcionamiento), tener una buena conductividad eléctrica para minimizar la resistencia interna de la unidad MEA y, sobre todo, ser lo suficientemente sencillos y baratos como para poder ser fabricados de manera reproducible y a gran escala.

Para asegurar que la pila de combustible trabaja con la máxima eficiencia es preciso que las reacciones químicas que ocurren en los electrodos tengan lugar de la manera más cercana posible a los potenciales termodinámicos. Tal y como ya hemos dicho, el catalizador más efectivo en este sentido es el platino, tanto por su actividad como por su estabilidad. ¡Pero el platino es caro!, y además queda inactivo con facilidad si en la corriente de hidrógeno hay monóxido de carbono (por ejemplo, cuando el hidrógeno proviene de reacciones de reformado). ¿Cómo podemos solventar estos dos problemas? Básicamente mediante dos estrategias distintas. Por un lado, preparando partículas de platino lo más pequeñas posible; por el otro, aleando el platino con otros metales.

Las reacciones químicas que tienen lugar sobre los catalizadores sólidos ocurren esencialmente en la superficie de los mismos. La catálisis, por tanto, está relacionada con la cantidad de átomos expuestos en la superficie. Cuanto mayor sea el número de átomos expuestos, más activo será el catalizador y, por tanto, menor cantidad de éste será necesario para llevar a cabo la reacción. Por ejemplo, una partícula de platino de 1,4 nanómetros de diámetro tiene unos 55 átomos, de los cuales 42 forman parte de la superficie y solamente 55-42=13 átomos están en el interior de la partícula y no «ven» la superficie de la misma (y, por tanto, no catalizan). En este caso, la dispersión de las partículas es (42/55)×100=76%. Si ahora consideramos una partícula de platino de 3 nm de diámetro, es decir, con un diámetro aproximadamente el doble que en el caso anterior, tenemos unos 561 átomos, de los cuales 252 se encuentran en la superficie, con lo que la dispersión ahora es de (252/561)×100=45%. Resulta evidente que disminuir el tamaño de las partículas de platino a la mitad da como resultado un número de átomos de platino expuestos mucho mayor, lo que significa una menor cantidad total de platino necesaria (y su ahorro económico correspondiente).

Para preparar partículas de platino pequeñas soportadas sobre carbón de área específica elevada se utilizan diversas estrategias. El método más sencillo consiste en impregnar el carbón con una disolución de una sal de platino (H_2PtCl_6, $H_2Pt(OH)_6$, nitrato de platino, etc.), eliminar después el disolvente y descomponer la sal impregnada con un tratamiento térmico con aire y/o una corriente de hidrógeno. Este método, a pesar de su simplicidad en el laboratorio, acarrea problemas importantes cuando se

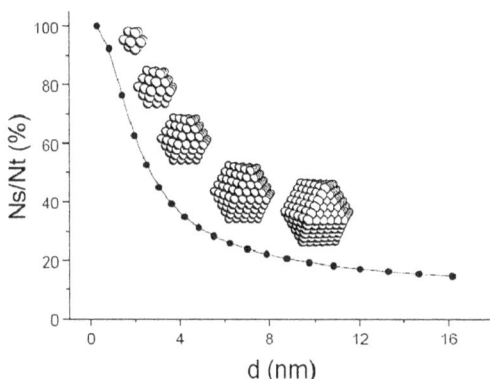

4.13/ Variación de la dispersión de las partículas de platino en un electrocatalizador en función de su tamaño. La dispersión, que está directamente relacionada con el número de átomos de platino expuestos en la superficie, aumenta de manera espectacular para partículas de apenas unos pocos nanómetros de diámetro.

realiza a escala industrial, debido a la dificultad del secado del carbón y a la necesidad de utilizar disolventes orgánicos para acceder al interior de los poros del carbón (problema medioambiental). Por este motivo, se prefieren otros métodos de preparación. Uno de estos métodos consiste en la preparación de una suspensión de carbón en sulfito de platino(II) preparado *in situ* mediante la reacción de ácido cloroplatínico y sulfito sódico, a la que posteriormente se le añade peróxido de hidrógeno. Se forma entonces un coloide de óxido de platino que se adsorbe en el carbón y que posteriormente se reduce a platino metálico mediante un tratamiento térmico con hidrógeno. Los métodos coloidales dan como resultado catalizadores con partículas de platino de tamaño mucho más homogéneo que las que se obtienen por el método de impregnación. Otro método de preparación consiste en la formación de un aerosol de polvo de carbón y un precursor soluble de platino seguido de un secado rápido en un ambiente reductor. En

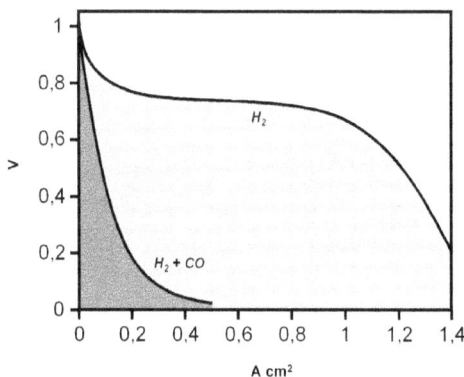

4.14/ Efecto de la presencia de tan solo 0,01% de monóxido de carbono en una corriente de hidrógeno en la capacidad de una pila de combustible tipo PEMFC. Las nanopartículas de platino del electrolizador de la pila son muy sensibles a la presencia de monóxido de carbono.

este caso se obtiene un polvo de catalizador muy fino que puede depositarse directamente sobre la membrana para formar la unidad MEA.

Para hacer los electrocatalizadores más resistentes al envenenamiento por monóxido de carbono se suele añadir al platino otros metales como rutenio, rodio, iridio o molibdeno, u óxidos como $CoMoO_4$, MoO_2, WO_2, WO_3 y Na_xWO_3 (x=0,28-0,89). Los catalizadores usados de manera más extensa en estos momentos son los catalizadores de PtRu. La formación de una aleación entre el platino y el rutenio da como resultado una menor densidad electrónica alrededor del platino, lo que hace más débil el enlace químico entre el platino y el CO, Pt-CO, y aumenta proporcionalmente el recubrimiento de hidrógeno sobre el electrodo, Pt-H.

Membranas permeables a protones

Quizás la ventaja más importante de las pilas de combustible PEMFC es el uso de un electrolito sólido que trabaja a baja temperatura. El electrolito es un polímero que, a pesar de tener un grosor inferior al milímetro, es un buen aislante eléctrico que permite un transporte rápido de protones al tiempo que impide el transporte de hidrógeno y oxígeno a su través. Las primeras membranas que se utilizaron en la fabricación de pilas de combustible a finales de 1950 fueron de poliestireno con grupos terminales sulfónicos. Estas membranas no eran lo suficientemente resistentes bajo las condiciones oxidantes de operación de las pilas PEMFC, por lo que se hizo necesario desarrollar nuevas membranas. A tal efecto, la empresa DuPont sintetizó a finales de la década de 1960 una nueva membrana, de nombre comercial Nafion, consistente en un polímero con esqueleto de tetrafluoroetileno (PTFE) y cadenas laterales de poliéter de vinilo fluorado con grupos sulfónicos. El PTFE garantiza la nula reactividad química de la membrana, mientras que los grupos sulfónicos dan a la membrana la capacidad de intercambio de protones.

El transporte de protones en una membrana tiene lugar de manera simultánea mediante dos mecanismos distintos. Por un lado, debido a la presencia de agua, los protones son transportados mediante iones hidronio (H_3O^+), Zundel ($H_5O_2^+$) o Eigen ($H_7O_3^+$). Por otro lado, los protones son transferidos mediante la rápida formación y ruptura de puentes de hidrógeno dentro de la membrana; hay que tener presente que los ácidos sulfónicos son ácidos extremadamente fuertes (en la película Alien el líquido que se utilizó para simular la sangre del alienígena era ácido clorosulfónico) y que en el Nafion alcanzan valores de $pK_a \sim -6$, por lo que tienden a disociarse en grupos sulfonato, SO_3^- y protones. En ambos casos la fuerza motriz del transporte de los protones viene derivada por un gradiente de concentración en ambas caras del polímero.

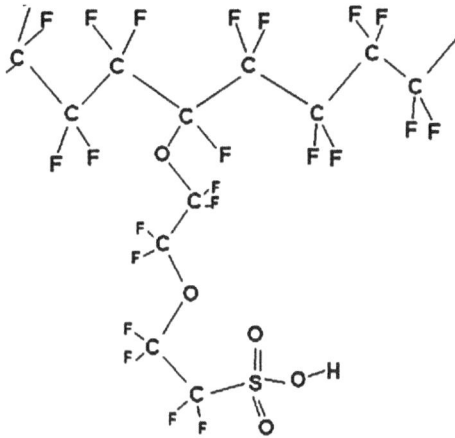

4.15/ Esquema de una membrana de Nafion.

La capacidad de intercambio de protones de una membrana se mide mediante su peso equivalente, que se define como el cociente entre el peso de polímero por grupo de ácido sulfónico activo. A menor peso equivalente, mejor conductividad de protones, por lo que resulta necesario controlar la estequiometría exacta del polímero sintetizado. Las membranas de Nafion actuales tienen pesos equivalentes de 900-1100 y grosores entre 0,03 y 0,18 mm. A pesar de ser tan delgadas, las membranas de Nafion tienen una resistencia mecánica muy elevada. La membrana Nafion 117 (peso equivalente de 1100 y 0,18 mm de grosor) tiene una resistencia eléctrica de 0,1 Ω cm^2 (equivalente a una perdida de 0,1 V bajo una

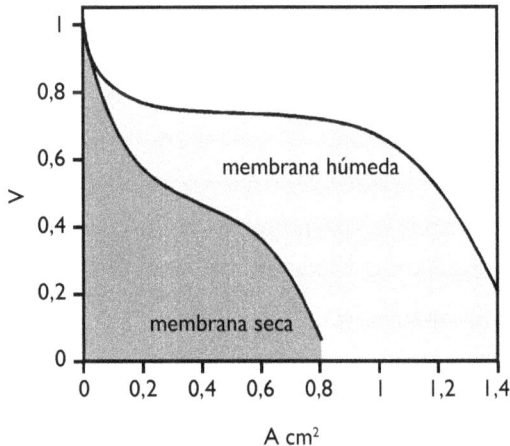

4.16/ Las membranas de intercambio de protones de las pilas de combustible tipo PEMFC deben de estar permanentemente hidratadas para un funcionamiento óptimo.

densidad de corriente de 1 A cm^{-2}) y su vida útil a 80°C supera las 60000 horas. El objetivo para mejorar aún más las membranas actuales reside en conseguir menores espesores, porque de este modo se disminuye la resistencia, se rebaja el coste y se consigue una mejor hidratación en toda la membrana. No obstante, existe un grosor mínimo para asegurar la durabilidad de la membrana y evitar el transporte de hidrógeno y oxígeno a su través. Es importante recordar que las membranas deben de estar convenientemente hidratadas para que funcionen correctamente. Cuando la temperatura de una pila supera los 100°C, el transporte de protones disminuye drásticamente, debido a la deshidratación de la membrana, y la eficiencia de la pila disminuye con rapidez. Para asegurar una buena hidratación, la presión de trabajo en las membranas suele ser de 1-2 bar por encima de la presión atmosférica.

Placas bipolares

La unidad MEA de una pila de combustible PEMFC se ensambla con dos placas colectoras en contacto con el soporte del catalizador de los electrodos que aseguran el suministro de gas y la conducción de la corriente hacia un circuito externo. Normalmente, una pila de combustible está constituida por un número variable de unidades MEA (el número varía en función de la potencia que se desea), de modo que la placa colectora que está en contacto con el cátodo de una unidad MEA puede ser la misma que la que está en contacto con el ánodo de la unidad MEA siguiente. De este modo se consigue un ensamblaje más compacto y económico. Estas placas colectoras de dos caras reciben el nombre de *placas bipolares* y son un componente esencial de las pilas de combustible en tanto que deben garantizar una alimentación correcta de los gases en toda la superficie de los electrodos, asegurar una conducción eléctrica elevada, favorecer la eliminación de agua y disipar calor.

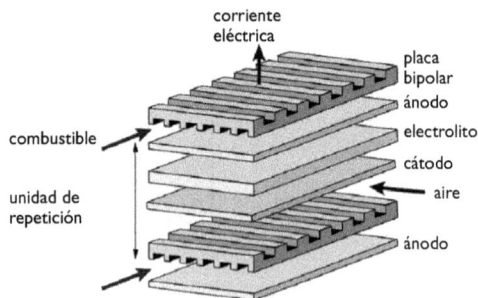

4.17/ Las unidades MEA de las pilas de combustible PEMFC se ensamblan entre ellas mediante placas bipolares en las que se practican surcos para la administración de los gases reactivos, hidrógeno y oxígeno/aire.

corriente eléctrica

placa bipolar
ánodo
electrolito
cátodo
aire
ánodo

combustible

unidad de repetición

En el diseño de las placas bipolares se debe encontrar un compromiso entre la cantidad y las dimensiones de los canales de suministro de los gases y el área de conducción eléctrica en contacto con los electrodos. Este compromiso es crucial porque, por un lado, se desea que la difusión de los gases hacia los electrodos sea lo más homogénea posible en toda la superficie de los mismos para maximizar así su rendimiento, pero, por otro lado, se requiere que la superficie ocupada por los canales sea mínima para no interferir en la conducción eléctrica. Además, por si esto fuera poco, hay que asegurar que el agua que se forma como producto de la reacción electroquímica en el cátodo abandone de la manera más rápida posible el electrodo para que ésta no suponga un obstáculo al suministro de gas al mismo. Por último, la placa bipolar también debe tener una conducción térmica elevada para que el calor que se genera en la pila de combustible se disipe directamente al aire o mediante un circuito de refrigeración externo. Todos estos requisitos hacen que los materiales más idóneos y de bajo coste que se utilizan actualmente en la fabricación de las placas bipolares sean el grafito y el acero inoxidable.

Las placas bipolares de grafito tienen valores de conducción eléctrica y térmica elevados y son estables al ambiente químico en el que opera una pila de combustible. Para su fabricación, inicialmente se preparan bloques compactos de grafito mediante un proceso de sinterizado a alta temperatura que dura varias semanas, a continuación el bloque se corta en placas con el grosor deseado (normalmente unos pocos milímetros), se realiza un tratamiento de las placas con resina para eliminar la porosidad resultante del proceso de fabricación del bloque de grafito, se pulen las caras de la placa y, ahora ya sí, se excavan los canales con la geometría deseada por los que circularán los gases hacia los electrodos de las unidades MEA. La fabricación de

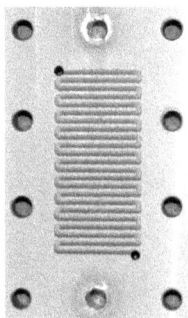

4.18/ Fotografía de una cara de una placa bipolar de metal.

placas bipolares de grafito es larga y costosa. Una alternativa consiste en el moldeado de polvo de grafito en una matriz polimérica, aunque en este caso el uso de polímeros resulta en una peor conductividad eléctrica y menor resistencia química.

Por su parte, las placas bipolares metálicas conducen muy bien la electricidad y el calor y se pueden mecanizar de manera fácil. El problema que presentan es una fácil corrosión en los ambientes en los que operan las pilas de combustible. La corrosión está especialmente favorecida en el ánodo debido a la presencia de hidrógeno, que evita la formación de una capa de óxido protectora. Las placas bipolares metálicas resisten tan solo unas 3000 horas de operación sin degradarse. Para aumentar su vida operativa se les suele aplicar una película protectora de oro, titanio o nitruro de titanio. Resulta evidente que la tecnología relacionada con las pilas de combustible constituye una temática de trabajo multidisciplinar muy amplia en la que confluyen, como mínimo, la electroquímica, la catálisis, la ciencia de materiales, la ciencia de polímeros, la dinámica de fluidos, la ingeniería eléctrica y la ingeniería mecánica.

5

¿QUÉ PAPEL JUGARÁ EL HIDRÓGENO EN NUESTRO FUTURO?

¿PARA QUÉ SIRVE UNA PILA DE COMBUSTIBLE?

El hidrógeno y las pilas de combustible pueden contribuir de manera muy importante a conseguir un uso más eficiente de la energía en todas sus expresiones. Las pilas de combustible cubren todo el abanico de aplicaciones posibles de la electricidad, desde las que derivan directamente de la red eléctrica hasta sistemas autónomos de generación de electricidad, pequeños dispositivos electrónicos portátiles y motores eléctricos para la automoción.

Francis Bacon (1904-1992) desarrolló en la Universidad de Cambridge la primera pila de combustible para usos prácticos en 1932. Se trataba de una pila alcalina equipada con electrodos de níquel que funcionaba con hidrógeno y oxígeno puros. No obstante, tuvieron que transcurrir

5.1/ Las pilas de combustible pueden suministrar electricidad y calor en viviendas, vehículos eléctricos y dispositivos electrónicos.

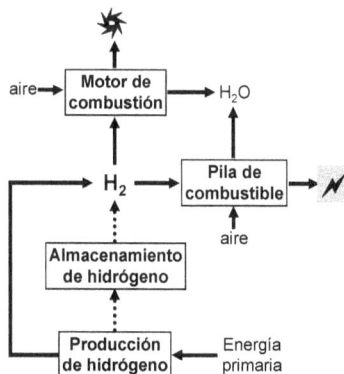

más de veinticinco años antes de que Bacon consiguiera desarrollar una pila de 5 kW lo suficientemente robusta como para atraer la atención del sector industrial. La NASA pronto se interesó por las pilas de combustible, ya que representaban una tecnología adecuada para generar electricidad en las misiones espaciales. De este modo, las últimas misiones *Gemini* se equiparon con pilas de combustible tipo PEMFC y las misiones *Apolo* con pilas de combustible alcalinas. En un viaje a la Luna no se podían utilizar baterías porque el viaje duraba demasiado. El agua que se generaba en las pilas de combustible era utilizada por los astronautas para beber, y éste continua siendo el método utilizado a día de hoy para generar agua y electricidad en el programa *Space Shuttle*.

Lejos de las aplicaciones espaciales, las pilas de combustible también están presentes en nuestra vida cotidiana. Dada su gran versatilidad, ya existen pilas de combustible para subministrar electricidad en teléfonos móviles y ordenadores portátiles, en coches, autobuses, avionetas y navíos, y en hogares y hospitales, por poner algunos ejemplos. Cada una de las distintas familias de pilas de combustible que hemos discutido en el capítulo precedente es adecuada para un tipo de aplicación particular, en función de su temperatura de trabajo, pureza de hidrógeno requerida, estado físico del electrolito, etc. Así, las pilas de combustible de carbonato fundido (MCFC) y de óxido sólido (SOFC) son las preferidas para aplicaciones estacionarias

5.2/ Fotografía de una pila de combustible alcalina como las utilizadas en las misiones Apolo. Mide aproximadamente 1x0,5 m y pesa unos 100 kg. La pila consta de 31 celdas y el electrolito es una disolución acuosa de KOH al 83% en peso. La temperatura de trabajo es de 200°C y se regula con una mezcla de etilenglicol y agua. La tensión generada es de unos 30 V y la potencia 1,5 kW.

de generación de electricidad de gran potencia (del orden de megava-tios). Las pilas de combustible de óxido sólido (SOFC), de ácido fosfórico (PAFC) y las alcalinas (AFC) son idóneas para aplicaciones estacionarias de generación de electricidad de baja potencia, por ejemplo en edificios y entornos domésticos. Las pilas de combustible que operan a baja tempera-tura, como las alcalinas (AFC) y las de membrana de intercambio de proto-nes (PEMFC), por su parte, son las más indicadas para aplicaciones móviles, como por ejemplo en el transporte. Por último, las pilas de combustible PEMFC y DMFC abren la posibilidad de usar las pilas de combustible en un gran número de aplicaciones con dispositivos electrónicos portátiles.

	MCFC	SOFC	PAFC	AFC	PEMFC
Aplicaciones estacionarias de potencia	Eficiencia, emisiones bajas y sin ruido				
Aplicaciones estacionarias domésticas		Eficiencia, reproducibilidad			
Aplicaciones móviles y espaciales				Eficiencia alta y emisiones nulas	
Aplicaciones elec-trónicas portatiles					Densidad de energia alta

Aplicaciones y ventajas principales de los distintos tipos de pilas de combustible

EN EL TRANSPORTE

Uno de los usos del hidrógeno y las pilas de combustible en los que se ha depositado más esperanzas es en el transporte, y no sólo a causa de la consternación producida por la evolución del precio de los carburantes, sino por la necesidad de encontrar soluciones inmediatas al problema grave de la contaminación atmosférica en las grandes ciudades. En España, el coche privado representa el 15% de toda la energía final consumida y, en el año 2004, el transporte fue responsable de más del 32% de las emisiones de CO_2 de todo el país. Se prevé que el tráfico de pasajeros y mercancías en los próximos años aumentará entre un 20 y un 30%.

La pila de combustible ideal para un vehículo debe trabajar a temperatura baja, soportar movimiento y vibraciones, ponerse en funcionamiento de manera rápida y ofrecer una densidad de corriente adecuada con el mínimo peso y espacio posibles. De entre los distintos tipos de pilas de combustible, las de tipo PEMFC son las que se ajustan mejor a estos requerimientos. Además, el único subproducto de una pila de combustible tipo PEMFC es agua, por lo que la contaminación atmosférica ocasionada por los vehículos eléctricos equipados con esta tecnología es nula. El inconveniente principal de los vehículos impulsados por pilas de combustible, no obstante, reside en el almacenamiento del hidrógeno a bordo de los mismos y en la red de distribución del hidrógeno como tal. Una alternativa al almacenamiento de hidrógeno en un vehículo consiste, según ya se ha discutido en el tercer capítulo, en la generación de hidrógeno a bordo a partir del reformado de combustibles líquidos, mucho más seguros y fáciles de manipular que el hidrógeno presurizado o licuado, por ejemplo.

No hay duda de que las pilas de combustible pueden representar un cambio similar al que representó el motor de combustión interna en la automoción dado que las pilas de combustible son mucho más eficientes que los motores de combustión y, además, no contaminan (otra cosa es

5.3/ Fotografía de un coche eléctrico equipado con una pila de combustible tipo PEMFC. Se trata del modelo *Xtrail* de Nissan.

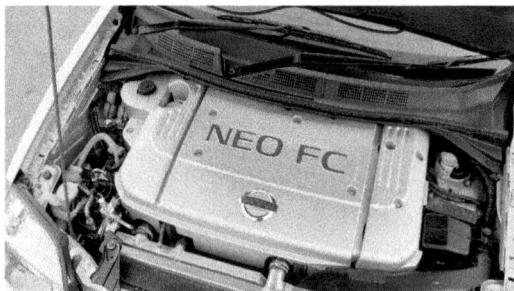

que en el método utilizado para obtener el hidrógeno sí existan emisiones contaminantes, que en todo caso pueden tratarse de forma centralizada y no contribuir a la contaminación atmosférica en las ciudades). La primera aplicación del hidrógeno en un coche equipado con una pila de combustible tuvo lugar en 1966, cuando General Motors fabricó la furgoneta *Electrovan*. El vehículo iba equipado con pilas de combustible alcalinas (32 kW) y dos depósitos de hidrógeno y oxígeno líquidos, y tenía una autonomía de unos 240 km. A partir de entonces, pero sobre todo en los últimos diez años, las empresas automovilísticas han desarrollado más de un centenar de prototipos de coches que funcionan con pilas de combustible. La mayoría de ellos llevan un tanque de hidrógeno comprimido a altas presiones o hidrógeno líquido para alimentar la pila de combustible, pero también se han desarrollado prototipos que transportan el hidrógeno en forma de hidruros metálicos o que incorporan un reformador para la generación de hidrógeno a bordo. La mayoría de estos prototipos tienen las mismas prestaciones de velocidad y autonomía que los vehículos convencionales equipados con motores de combustión. Los coches híbridos con pila de combustible, en los que coexisten un motor eléctrico y un motor de combustión y/o una batería eléctrica, representan un primer paso hacia la transición definitiva a los vehículos equipados con pilas de combustible. Los autobuses urbanos equipados con pilas de combustible son especialmente interesantes porque, al tener un mayor tamaño, permiten alojar contenedores de hidrógeno presurizado con facilidad (generalmente en el techo, porque en el caso de producirse una fuga el hidrógeno se disiparía rápidamente y no habría acumulaciones en el vehículo). Además, en el régimen de conducción propio de las zonas urbanas, con cambios de velocidad y paradas y arranques frecuentes, los autobuses con pilas de combustible son mucho más eficientes que los autobuses convencionales equipados con motores de combustión, y no contaminan. Gracias a la gran versatilidad de las pilas de combustible PEMFC, también existen, además de coches y autobuses, numerosos prototipos de embarcaciones, avionetas, motocicletas, submarinos, máquinas de tren, etc.

5.4/ Fotografía de uno de los autobuses de Barcelona equipado con pilas de combustible PEMFC que participaron en el proyecto europeo CUTE.

La Unión Europea llevó a cabo entre los años 2003 y 2005 el proyecto CUTE (del inglés *Clean Urban Transport for Europe*). Se repartieron veintisiete autobuses (Mercedes-Benz Citaro) equipados con pilas de combustible tipo PEMFC (Ballard Power Systems) en nueve ciudades europeas, entre las que se encontraban Madrid y Barcelona, con la finalidad de estudiar casos reales de aplicación, que incluyeron tanto la operación de los autobuses como la obtención y manipulación del hidrógeno. Las otras ciudades fueron Amsterdam, Hamburgo, Londres, Luxemburgo, Oporto, Estocolmo y Stuttgart. Cada autobús estaba equipado con dos pilas de combustible con una potencia total alrededor de 300 kW y con depósitos para albergar 44 kg de hidrógeno a 350 bar, lo que proporcionaba una autonomía de unos 200-250 km. En Madrid el hidrógeno se obtuvo a partir del reformado de gas natural, mientras que en Barcelona se utilizó la electrólisis del agua. La cantidad total de kilómetros recorrida por los autobuses en Madrid fue de 103445 (8859 horas), y en Barcelona 37665 (3339 horas). Las pilas de combustible alcanzaron, en el mejor de los casos, 3200 horas de operación. Lamentablemente, el proyecto CUTE no ha tenido, de momento, continuación, pero ha servido para acercar la tecnología del hidrógeno y las pilas de combustible a los ciudadanos de una manera vivencial y para demostrar que los autobuses equipados con pilas de combustible son perfectamente aptos para el transporte urbano.

EN LA VIVIENDA

Para generar electricidad de manera continua en aplicaciones estacionarias de gran envergadura se utilizan generalmente pilas de combustible SOFC y MCFC, que trabajan a alta temperatura y, por tanto, son menos susceptibles a las impurezas que puedan contener los gases a la entrada (su vida útil supera las 40000 horas). Con ellas se consiguen eficiencias energéticas superiores a las centrales térmicas de generación de electricidad convencionales, especialmente cuando se integran en ciclos combinados con turbinas de gas. Además, si el hidrógeno se obtiene por gasificación de carbón o reacciones de reformado, el secuestro del CO_2 generado es técnicamente más fácil y económico comparado con el secuestro del CO_2 originado en las centrales térmicas.

Pero las pilas de combustible también son interesantes en aplicaciones estacionarias de menor envergadura. Por un lado, se pueden utilizar pilas de combustible de mediana potencia (200-500 kW) como unidades de soporte en caso de fallo de la red eléctrica en hospitales, cuarteles de bomberos, etc. Para este tipo de aplicaciones se utilizan tanto pilas de combustible SOFC como pilas de combustible del tipo PAFC, MCFC y

PEMFC. En el caso de las pilas de combustible SOFC, MCFC y PAFC, se utilizan dispositivos que integran, además de la pila de combustible, una etapa previa de reformado, sobre todo de gas natural, pero también puede realizarse con propano o biogás procedente, por ejemplo, de plantas de tratamiento de aguas residuales. De este modo se consigue un sistema efectivo de suministro de electricidad totalmente independiente. El reformado puede llevarse a cabo en una unidad independiente (reformado externo), o bien de manera integrada en el propio interior de la pila de combustible (reformado interno). En el reformado externo, el gas natural se reforma a 800-1000°C a una mezcla rica en hidrógeno que alimenta a la pila de combustible. El calor producido por la pila de combustible puede usarse para llevar a cabo el reformado, aunque a menudo se requiere quemar parte del gas natural, sobre todo al poner en marcha el dispositivo. En el reformado interno, aunque es tecnológicamente más complejo, la transmisión de calor entre la pila de combustible y la unidad de reformado es mucho más eficiente y se ahorra espacio. Asimismo, el reformado interno se puede diseñar para que los mismos electrocatalizadores de las pilas de combustible (sobre todo los basados en níquel) hagan la función de catalizadores para el reformado. Estas unidades pueden transladarse con camiones a zonas afectadas con situaciones de emergencia en las que se precise electricidad. Por otro lado, las pilas de combustible se pueden utilizar en aplicaciones domésticas, como calentadores de agua y generadores de electricidad en zonas rurales aisladas. Las pilas de combustible ofrecen la posibilidad de aprovechar el calor generado durante la producción de la electricidad (cogeneración). En una aplicación doméstica, este calor puede utilizarse, por ejemplo, para calentar agua. Debe tenerse en cuenta que la eficiencia eléctrica de una pila de combustible para fines residenciales está alrededor del 40%, mientras que la eficiencia cuando además se aprovecha el calor generado alcanza el 80%. En estos momentos existen varios centenares de pilas de combustible PAFC en funcionamiento (UTC Fuel Cells, Toshiba, etc.) que proporcionan alrededor de 200 kW de potencia eléctrica y más de 250 kW en forma de calor.

La posibilidad de utilizar pilas de combustible en aplicaciones domésticas aumenta de manera muy importante las posibilidades de instaurar sistemas de generación distribuida de energía y microrredes. Un caso extremo sería el que cada vivienda dispusiera de un sistema propio de generación de energía, por ejemplo con paneles solares o aerogeneradores, acoplado a un sistema de almacenamiento de energía en forma de hidrógeno. Las viviendas estarían conectadas a una red eléctrica generalizada, como ocurre actualmente. La novedad residiría en que las

viviendas podrían vender el exceso de energía que generasen en forma de electricidad a la red, obtenida con una pila de combustible a partir del hidrógeno almacenado en situaciones de excedente de energía. En caso contrario, cuando la vivienda necesitase más energía que la que es capaz de generar en ese momento, la red eléctrica proporcionaría la electricidad necesaria. Este sistema de gestión de la electricidad a escala doméstica sólo es posible haciendo uso de las ventajas que ofrece el hidrógeno y las pilas de combustible y tiene una cierta analogía con internet, puesto que consiste en pequeñas unidades generadoras de energía totalmente descentralizadas pero conectadas a una zona de intercambio común. Sería un modo de democratizar la energía en un mundo globalizado.

EN PEQUEÑOS DISPOSITIVOS

Uno de los aspectos más importantes de los productos electrónicos es la movilidad. En los últimos años hemos sido testigos de avances espectaculares en la reducción de peso y tamaño y en el aumento de prestaciones de pequeños dispositivos electrónicos, como los teléfonos móviles, las cámaras digitales de fotografía y vídeo, las agendas electrónicas, los reproductores de música o los ordenadores portátiles. La manera más habitual de almacenar energía eléctrica en un dispositivo electrónico es mediante pilas y baterías. Las pilas no son recargables y en ellas la energía química se convierte de manera irreversible a energía eléctrica, mientras que en las baterías recargables las energías química y eléctrica se transforman de manera reversible. No obstante, la reversibilidad no es total y uno de los mayores problemas de las baterías es, precisamente, la pérdida de carga que experimentan cada vez que sufren un ciclo de recarga. Por otro lado, las baterías deben contener todos los reactivos químicos responsables de la generación de electricidad en su interior, y eso las hace pesadas o, dicho de otro modo, la densidad de energía que pueden ofrecer está limitada por su peso.

En cambio, las pilas de combustible se alimentan externamente, lo que significa que tienen una duración indefinida siempre que se les suministre el combustible. Lógicamente, las pilas de combustible más adecuadas en aplicaciones electrónicas portátiles son las que trabajan con membrana de intercambio de protones, puesto que son las que requieren una menor temperatura de trabajo y, al ser el electrolito una membrana, son las que ocupan menos espacio y pueden trabajar en cualquier posición. Tanto las pilas PEMFC que funcionan con hidrógeno como las que funcionan directamente con metanol, las DMFC, son adecuadas. Las pilas de combustible tienen, por unidad de volumen, una densidad de energía unas dos veces y media superior a la de una pila de ión litio y tres veces la de una batería convencional. Con el mismo peso total (pila PEMFC y depósito de hidrógeno o pila DMFC y depósito de metanol), la cantidad de electricidad que se obtiene con una pila de combustible es unas diez veces mayor que la de una una batería recargable, lo que significa mucho más tiempo de funcionamiento. Por este motivo, en el campo de las aplicaciones portátiles las pilas de combustible van a jugar un papel muy importante en los próximos años. A pesar de que el coste de la electricidad obtenida con las pilas de combustible actuales es mayor que el de las baterías, el coste diferencial está compensado por las ventajas que ofrecen las pilas de combustible en este tipo de aplicaciones, teniendo en cuenta su peso y volumen menores y su mayor duración entre recargas.

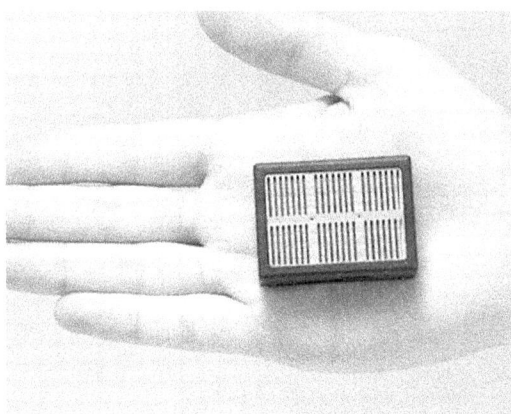

5.6/ Micropila de combustible DMFC integrada con una batería de ión litio, una microbomba y un sistema electrónico de regulación y control. Mide aproximadamente 5x3 cm y es capaz de proporcionar 3 W ininterrumpidamente durante 14 horas seguidas con 10 mL de metanol (Sony Corp.).

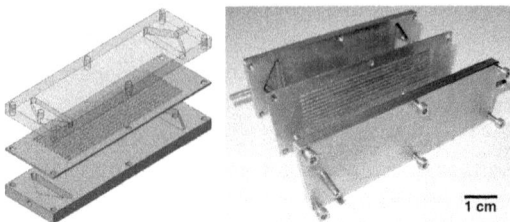

1 cm

5.7/ Microrreactor para obtener hidrógeno a partir del reformado autotérmico de etanol. En una cara del microrreactor tiene lugar la oxidación exotérmica del etanol con aire. El calor generado se utiliza en la otra cara del microrreactor para llevar a cabo el reformado del etanol con agua y obtener así hidrógeno sin necesidad de un aporte externo de energía (Instituto de Técnicas Energéticas, UPC).

Las pilas de combustible DMFC tienen la ventaja de que únicamente precisan de un depósito de metanol y un sistema de bombeo para alimentarse. Lo que ocurre es que la potencia que ofrecen por unidad de área es mucho menor que la de las pilas de combustible PEMFC (más de quince veces) y, además, su coste es considerablemente más elevado debido a que requieren una cantidad mayor de catalizador para su funcionamiento. Pero para que las pilas PEMFC puedan utilizarse en pequeños dispositivos electrónicos, se requiere un sistema de alimentación de hidrógeno adaptado a las realidades de este tipo de aplicaciones, en las que el peso, el volumen y la rapidez de encendido son absolutamente determinantes. Para ello, uno de los métodos más interesantes lo constituyen los *microrreformadores*, en los que se obtiene hidrógeno a partir de un combustible líquido que sea ampliamente disponible y fácil de recargar. Las mezclas de alcohol y agua son, en estos momentos, la opción más prometedora. Los microrreformadores son un tipo

5.8/ Microrreformador con vaporizador y elementos calefactores integrados diseñado para funcionar con micromonolitos de silicio apilados y combustibles líquidos para aplicaciones portátiles (Instituto de Técnicas Energéticas, UPC).

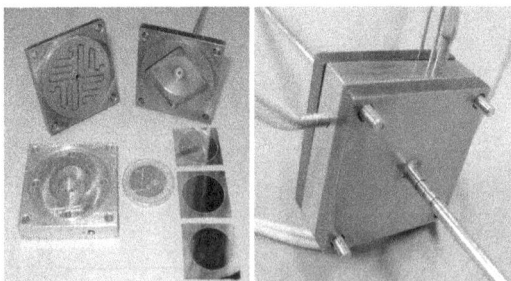

5.9/ Fotografía obtenida con un microscopio electrónico de barrido de un micromonolito de silicio. Los canales miden unos 3 micrómetros de diámetro y 0,2 mm de longitud. El micromonolito contiene más de un millón de canales por cm², lo que le confiere un área específica extraordinaria y una eficiencia como microrreformador para producir hidrógeno sin precedentes cuando se recubre con catalizador (Departamento de Ingeniería Electrónica e Instituto de Técnicas Energéticas, UPC).

de microrreactores muy eficientes constituidos por canales de pequeñas dimensiones (con secciones inferiores a 1 mm). Los canales se recubren con una película fina de catalizador y, debido a sus pequeñas dimensiones, el área expuesta de catalizador por unidad de volumen es muy grande y la eficiencia del dispositivo muy elevada.

LA ECONOMÍA DEL HIDRÓGENO

Reducida a su mínima expresión, la «economía del hidrógeno» aboga para que el hidrógeno sea el vector energético que se utilice en nuestra sociedad para gestionar la energía en todo su conjunto. La visión de una economía del hidrógeno fue propuesta de manera simultánea en los años 1960-1970 por John O'Mara Bockris (Univ. Pennsylvania, EE.UU.) y Edward Justi (Univ. Hannover, Alemania), y ha sido popularizada de manera más reciente por Jeremy Rifkin (Wharton Business School, EE.UU.) en su libro *La economía del hidrógeno* (2002). Obviamente, esta corriente de pensamiento tiene tantos defensores como detractores, ya que una discusión sobre la manera de gestionar la energía, además de soluciones tecnológicas, también contempla aspectos geopolíticos y económicos. Una economía del hidrógeno, si es que ésta es posible, tiene implicaciones a nivel social sin precedentes. Posiblemente la más destacable es que la economía del hidrógeno conlleva la implantación de una red energética descentralizada, tanto por la facilidad de acceso a un número muy amplio de recursos energéticos como por la posterior distribución de la energía en redes y microrredes, lo que posibilita una redistribución del poder con consecuencias trascendentales para la sociedad. Islandia se está preparando para ser en el 2030 la primera sociedad del mundo basada en la economía del hidrógeno. Para ello dispone de abundante energía geotérmica para obtener el hidrógeno necesario por electrólisis del agua de manera renovable.

La posibilidad de utilizar de manera sostenible el ciclo agua-hidrógeno a partir de fuentes de energía renovables y pilas de combustible representa el mayor sueño de la economía del hidrógeno. El agua es abundante en la biosfera y está distribuida de manera mucho más homogénea que los combustibles fósiles, de modo que se podrían evitar tensiones geopolíticas como las ocasionadas por la distribución no uniforme de recursos fósiles en la actualidad. Con un aporte de energía adecuado, el agua proporciona hidrógeno, y el hidrógeno revierte a agua cuando se oxida en un proceso de combustión o en una pila de combustible, proporcionando de nuevo energía. A pesar de que el balance energético es negativo, debido a que cada etapa del ciclo tiene pérdidas asociadas (la energía que se obtiene en la combustión del hidrógeno es menor que la energía necesaria para obtener el hidrógeno a partir del agua), el ciclo agua-hidrógeno adquiere un matiz marcadamente distinto cuando se usan energías renovables, puesto que en este caso la energía que hay que aportar inicialmente al ciclo tiene un origen gratuito e inagotable. Con el desarrollo de las energías renovables, el hidrógeno es el más seductor de los candidatos a vector energético. La obtención de energía a partir de los combustibles fósiles es radicalmente distinta; no se trata de ningún ciclo sostenible, sino de un camino unidireccional entre la fuente de energía (carbón, petróleo, gas natural, etc.) y el uso final, agravado además por una baja eficiencia energética. Igualmente, hay que recordar que el ciclo agua-hidrógeno no genera subproductos, mientras que el uso de combustibles fósiles ocasiona problemas medioambientales importantes (emisiones de CO_2, partículas en suspensión, CO, NO_x, SO_x, compuestos orgánicos volátiles, etc.). En una economía del hidrógeno madura, el hidrógeno reemplazaría a la totalidad de los combustibles fósiles en el transporte y produciría electricidad para ser distribuida en red y ser usada directamente en dispositivos portátiles.

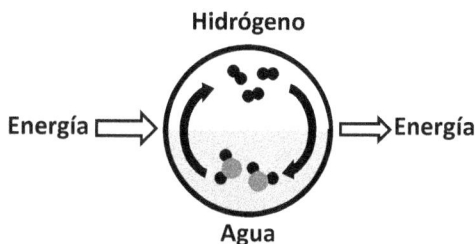

5.10/ Ciclo agua-hidrógeno en la economía del hidrógeno. El hidrógeno se puede obtener del agua con un aporte de energía en forma de fotones, electrones o calor (métodos fotoquímicos, electrólisis y ciclos termoquímicos, por ejemplo). Cuando el hidrógeno se quema o se usa en una pila de combustible se obtiene de nuevo agua y energía.

¿SERÁ EL HIDRÓGENO LA SOLUCIÓN DEFINITIVA?

La sociedad moderna está acostumbrada a la movilidad y al confort. Y ambas cosas precisan de una cantidad de energía elevada. Mientras que la oferta supere la demanda, los consumidores de energía pueden satisfacer sus necesidades mediante la importación de energía (situación actual). Pero cuando la demanda supere a la oferta (lo que los economistas llaman *demanda inelástica*), el precio de la energía aumentará hasta que haya una reducción del consumo acorde con la oferta, o el sistema se derrumbará. Y, evidentemente, el desarrollo está directamente vinculado al precio de la energía. Debido al aumento de la longevidad y el ritmo de crecimiento actual de la población a nivel mundial, la demanda de energía no para de aumentar a pasos agigantados, hasta el punto de que se prevé que pueda doblarse en los próximos 40-50 años. En lo que a la electricidad se refiere, las previsiones son que la demanda se triplicará en este mismo periodo (un tercio de la población mundial aun no tiene acceso a la electricidad). Y mientras la demanda de energía aumenta de manera vertiginosa año tras año, las reservas de combustibles fósiles se van vaciando y los problemas medioambientales que se derivan de su uso indiscriminado se agravan.

La demanda anual de petróleo en el mundo se sitúa en unos treinta mil millones de barriles y llegará a los cuarenta y cinco mil millones antes del 2020. El 70% del petróleo que se utiliza en estos momentos fue descubierto a partir de los años setenta. Por cada barril de petróleo que se descubre hoy en día se consumen cuatro. Aunque siguen apareciendo nuevos pozos de petróleo y las arenas bituminosas y los hidratos de metano permitirán alargar el uso de los combustibles fósiles, lo cierto es que al ritmo de consumo actual las reservas no podrán abastecer las necesidades energéticas de todos durante muchos más decenios. Los combustibles fósiles, tarde o temprano, se acabarán. Pero, ¿necesitamos realmente vaciar y continuar quemando estos combustibles a día de hoy? ¿No tenemos ya suficiente evidencia del daño medioambiental y los problemas de sostenibilidad que su uso indiscriminado representa? Quizás ahora sea el momento de recordar aquel dicho: «La edad de piedra no acabó porque se acabaran las piedras...». Del mismo modo, la creencia extendida de que ya buscaremos soluciones cuando nos quedemos sin combustibles fósiles es inaceptable. No hay que olvidar que el desarrollo sostenible es el desarrollo que satisface las necesidades del presente sin comprometer la capacidad de generaciones futuras para satisfacer las suyas.

En la Unión Europea el consumo de energía proviene de manera mayoritaria de los combustibles fósiles (41% petróleo, 22% gas natural y 16% carbón), las centrales nucleares aportan un 15% y las energías renovables sólo un 6%. En el año 2006, el consumo de energía de fuentes renovables en España representó el 6,8% del total del consumo de energía del país (1,6% energía hidráulica y 5,2% energías renovables no hidráulicas como biomasa, eólica y solar). Las fuentes de energía no renovables representan más del 93% del consumo energético en España (49% petróleo, 21% gas natural, 13% carbón y 11% nuclear). La dependencia de España del petróleo es total porque se importa el 99%, destinando más del 50% al transporte. Desde la década de los años noventa, a pesar que el crecimiento de la población ha sido de apenas el 0,4% anual, el consumo energético de los hogares españoles ha crecido a una tasa del 2,5% anual debido, principalmente, al incremento de equipamiento doméstico. La energía que consumen las familias se acerca al 30% del consumo energético total del país y se reparte entre un 18% en la vivienda y un 12% en el uso del coche.

Hoy por hoy tenemos las herramientas para empezar a sustituir parte de los combustibles fósiles por otro tipo de fuentes de energía primaria. Deberíamos aprovechar la energía del Sol, el viento, el mar, la biomasa no comestible, etc., en toda su extensión porque, aunque los procesos de obtención de energía a partir de estas fuentes sean poco eficientes en comparación con la energía que proporcionan los combustibles fósiles, es energía inagotable que está ahí, y la energía barata de los combustibles fósiles se acaba. En este contexto, el hidrógeno y las pilas de combustible permiten combinar la energía química y la energía eléctrica con una eficiencia, flexibilidad y limpieza sin precedentes. Por esto el hidrógeno, además de la electricidad, puede ser una pieza angular en la gestión de la energía en el futuro. Tenemos en nuestras manos las herramientas y los conocimientos para empezar un gran cambio, tal y como sucedió con la introducción del vapor en el siglo XIX. La ventaja del hidrógeno es que algunas de sus fuentes son inacabables y no comportan el riesgo ambiental del carbón o el resto de los combustibles fósiles.

Pero no todo es tan maravilloso con el hidrógeno como puede parecer a primera vista. Si todos los vehículos funcionaran con motores eléctricos alimentados con pilas de combustible, la cantidad de hidrógeno que se necesitaría sería muy grande. Por ejemplo, se precisarían unos 600 millones de toneladas de hidrógeno para que en el año 2030 todos los vehículos funcionaran con hidrógeno (la producción actual es de unos 50 millones de toneladas, casi toda dedicada a la fabricación de productos químicos). Y aún peor, si toda la producción mundial actual de hidrógeno se convirtiera en energía, ésta apenas representaría el 1% de la demanda energética mundial. Francamente, estamos todavía muy lejos de que el hidrógeno pueda contribuir de manera apreciable como vector energético. Además, el coste final de la electricidad obtenida con una pila de combustible es, hoy por hoy, unas cien veces superior al coste de la electricidad actual, aunque es de prever que el coste disminuirá considerablemente cuando las pilas de combustible se fabriquen a gran escala.

No obstante, y a pesar que una economía del hidrógeno madura requiere soluciones integradas en la producción, almacenamiento y uso del hidrógeno, no es necesario que todo ocurra a la vez. Las pilas de combustible pueden empezar a usarse en instalaciones estacionarias para proporcionar electricidad y calor y en dispositivos electrónicos, sin necesidad de solucionar el problema del transporte de hidrógeno a bordo de los vehículos, por ejemplo; y la producción del hidrógeno puede llevarse a cabo con energías renovables como la solar y eólica para solucionar los problemas asociados a su naturaleza intermitente, sin una producción de hidrógeno a gran escala. Asimismo, si se construyen centrales nucleares de nueva generación, se puede generar hidrógeno mediante ciclos termoquímicos y aumentar así su eficiencia de manera importante al aprovechar mejor el calor generado. Debido a la capacidad de almacenar energía de manera indefinida, el hidrógeno ofrece una versatilidad única, que aumenta aún más de valor debido a su compatibilidad con la electricidad, que es el vector energético por excelencia de nuestro sistema actual de distribución de energía. Por tanto, aunque el objetivo final de una economía del hidrógeno persiga la integración completa de la producción, almacenamiento y uso del hidrógeno en pilas de combustible, una implementación parcial del hidrógeno como vector capaz de gestionar energía en determinadas aplicaciones es ya un objetivo con todos sus méritos. De hecho, es muy posible que el primer uso masivo de las pilas de combustible sea en el campo de las aplicaciones portátiles, donde las ventajas asociadas con una mayor autonomía de los dispositivos electrónicos compensan el coste económico.

Por último cabe recordar que, además de buenos vectores energéticos, la eficiencia energética y los hábitos de consumo son otros aspectos fundamentales para una gestión racional de la energía. La eficiencia energética es *hacer más con menos*, es decir, aumentar el rendimiento de todas las operaciones en las que interviene la energía, tanto en aplicaciones industriales como en la automoción y en el hogar. La gestión y el consumo responsable de la energía es una necesidad real, si queremos mantener el nivel de bienestar de la sociedad moderna.

BIBLIOGRAFÍA RECOMENDADA

CAPÍTULO 1

– «L'hydrogène, les nouvelles technologies de l'énergie». *CLEFS*, 2004, vol. 50/51.
– P. Hoffmann: *Tomorrow's energy: Hydrogen, fuel cells, and the prospects for a cleaner planet*. The MIT Press, 2002.
– R.A. Ewing: *Hydrogen. Hot stuff, cool science*. 2ª edición, PixyJack Press, 2004.
– «Harnessing Materials for Energy». *MRS Bulletin*, 2008, vol. 33/4.
– *Handbook of sustainable energy*. Ed. W. H. Lee, V. G. Cho. Nova Publishers 2010.

CAPÍTULO 2

– P. Ferreira-Aparicio, M.J. Benito, J.L. Sanz: «New trends in reforming technologies: from hydrogen industrial plants to multifuel microreformers». *Catalysis Reviews* 2005, 47, 491-588.
– R.M. Navarro, M.A. Peña, J.L.G. Fierro: «Hydrogen production reactions from carbon feedstocks: Fossil fuels and biomass». *Catalysis Reviews* 2007, 107, 3952-3991.
– M. Ni, D.Y.C. Leung, M.K.H. Leung, K. Sumathy: «An overview of hydrogen production from biomass». *Fuel Processing Technology* 2006, 87, 461-472.
– S. Abanades, P. Charvin, G. Flamant, P. Neveu: «Screening of water-splitting thermochemical cycles potentially attractive for hydrogen production by concentrated solar energy». *Energy* 2006, 31, 2805-2822.
– J.R. Rostrup-Nielsen, T. Rostrup-Nielsen: «Large-scale hydrogen production». *CATTECH* 2002, 6, 150-159.
– K. Rajeshwar, R. McConnell, S. Licht: *Solar hydrogen generation. Toward a renewable energy future*. Springer, 2008.

- N.W. Ockwig, T.M. Nenoff: «Membranes for hydrogen separation». *Chemical Reviews* 2007, 107, 4078-4110.

CAPÍTULO 3
- A. Züttel: «Materials for hydrogen storage». *MaterialsToday* 2003, 9, 24-33.
- B. Sakintuna, F. Lamari-Darkrim, M. Hirscher: «Metal hydride materials for solid hydrogen storage: A review». *International Journal of Hydrogen Energy* 2007, 32, 1121-1140.
- F. Lamari-Darkrim, P. Malbrunot, G.P. Tartaglia: «Review of hydrogen storage by adsorption in carbon nanotubes». *International Journal of Hydrogen Energy* 2002, 27, 193-202.
- A.C. Dillon, M.J. Heben: «Hydrogen storage using carbon adsorbents: past, present and future». *Applied Physics* A 2001, 72, 133-142.
- «Hydrogen storage materials». *Material Matters* 2007, vol. 2.

CAPÍTULO 4
- *Fuel Cell Technology Handbook*. Ed. G. Hoogers. CRC Press 2003.
- J. Larminie and A. Dicks: *Fuel Cell Systems Explained*. 2ª edición, John Wiley & Sons Ltd 2003.
- L. Carrete, K.A. Friedrich, U. Stimming: «Fuel Cells: Principle, types, Fuels, and Applications». *ChemPhysChem* 2000, 1, 162-193.
- P. Cabot: «Les piles de combustible com a sistemes electroquímics per a les alternatives energètiques». *Revista de la Societat Catalana de Química* 2002, 3, 49-61.

CAPÍTULO 5
- C.A. Grimes, O.K. Varghese, S. Ranjan: *Light, Water, Hydrogen*. Springer, 2008.
- R.L. Busby: *Hydrogen and fuel cells. A comprehensive guide*. PennWell, 2005.
- J. OM. Bockris: «The origin of ideas on a hydrogen economy and its solution to the decay of the environment». *International Journal of Hydrogen Energy* 2002, 27, 731-740.
- M. Aguer, A.L. Miranda: *El hidrógeno, fundamento de un futuro equilibrado*. 2ª edición, Ed. Díaz de Santos, S.A., 2007.
- J. Rifkin: *La economía del hidrógeno. La creación de la red energética mundial y la redistribución del poder en la Tierra*. Paidós 2002.
- G. Kolb: . *Fuel processing for fuel cells*. Wiley-VCH 2008.

www.ingramcontent.com/pod-product-compliance
Lightning Source LLC
Chambersburg PA
CBHW072127090426
42739CB00012B/3101